아이가 주인공인 책

아이는 스스로 생각하고 매일 성장합니다.
부모가 아이를 존중하고 그 가능성을 믿을 때
새로운 문제들을 스스로 해결해 나갈 수 있습니다.

<기적의 학습서>는 아이가 주인공인 책입니다.
탄탄한 실력을 만드는 체계적인 학습법으로
아이의 공부 자신감을 높여 줍니다.

아이의 가능성과 꿈을 응원해 주세요.
아이가 주인공인 분위기를 만들어 주고,
작은 노력과 땀방울에 큰 박수를 보내 주세요.
<기적의 학습서>가 자녀 교육에 힘이 되겠습니다.

초등 6학년

12권

기적의 계산법 응용UP · 12권

초판 발행 2021년 1월 15일
초판 6쇄 발행 2025년 2월 13일

지은이 기적학습연구소
발행인 이종원
발행처 길벗스쿨
출판사 등록일 2006년 7월 1일
주소 서울시 마포구 월드컵로 10길 56(서교동)
대표 전화 02)332-0931 | **팩스** 02)333-5409
홈페이지 school.gilbut.co.kr | **이메일** gilbut@gilbut.co.kr

기획 김미숙(winnerms@gilbut.co.kr) | **책임편집** 윤정일
제작 이준호, 손일순, 이진혁 | **영업마케팅** 문세연, 박선경, 박다슬 | **웹마케팅** 박달님, 이재윤, 이지수, 나혜연
영업관리 김명자, 정경화 | **독자지원** 윤정아
디자인 정보라 | **표지 일러스트** 김다예 | **본문 일러스트** 류은형
전산편집 글사랑 | **CTP 출력·인쇄·제본** 예림인쇄

▶ 본 도서는 '절취선 형성을 위한 제본용 접지 장치(Folding apparatus for bookbinding)' 기술 적용도서입니다.
  특허 제10-2301169호
▶ 잘못 만든 책은 구입한 서점에서 바꿔 드립니다.
▶ 이 책은 저작권법에 따라 보호받는 저작물이므로 무단전재와 무단복제를 금합니다.
  이 책의 전부 또는 일부를 이용하려면 반드시 사전에 저작권자와 길벗스쿨의 서면 동의를 받아야 합니다.
▶ 인공지능(AI) 기술 또는 시스템을 훈련하기 위해 이 책의 전체 내용은 물론 일부 문장도 사용하는 것을 금합니다.

ISBN 979-11-6406-306-2 64410
(길벗스쿨 도서번호 10733)

정가 9,000원

....

독자의 1초를 아껴주는 정성 **길벗출판사**

길벗스쿨 | 국어학습, 수학학습, 주니어어학, 어린이단행본, 학습단행본 www.gilbutschool.co.kr
(주)도서출판 길벗 | IT단행본&교재, 성인어학, 교과서, 수험서, 경제경영, 교양, 자녀교육, 취미실용 www.gilbut.co.kr

 # 기적학습연구소 **수학연구원 엄마**의 **고군분투서!**

저는 게임과 유튜브에 빠져 공부에는 무념무상인 아들을 둔 엄마입니다.

오늘도 아들이 조금 눈치를 보는가 싶더니 '잠깐만, 조금만'을 일삼으며 공부를 내일로 또 미루네요.

'그래, 공부보다는 건강이지.' 스스로 마음을 다잡다가도 고학년인데 여전히 공부에

관심이 없는 녀석의 모습을 보고 있자니 저도 모르게 한숨이…… . 

5학년이 된 아들이 일주일에 한두 번씩 하교 시간이 많이 늦어져서 하루는 앉혀 놓고 물어봤습니다.

수업이 끝나고 몇몇 아이들은 남아서 틀린 수학 문제를 다 풀어야만 집에 갈 수 있다고 하더군요.

맙소사, 엄마가 회사에서 수학 교재를 십수 년째 만들고 있는데, 아들이 수학 나머지 공부라니요? 정신이 번쩍 들었습니다.

저학년 때는 어쩌다 반타작하는 날이 있긴 했지만 곧잘 100점도 맞아 오고 해서 '그래, 머리가 나쁜 건 아니야.' 하고 위안을 삼으며

'아직 저학년이잖아. 차차 나아지겠지.'라는 생각에 공부를 강요하지 않았습니다.

그런데 아이는 어느새 훌쩍 자라 여느 아이들처럼 수학 좌절감을 맛보기 시작하는 5학년이 되어 있었습니다. 

학원에 보낼까 고민도 했지만, 그래도 엄마가 수학 전문가인데… 영어면 모를까 내 아이 수학 공부는 엄마표로 책임져 보기로 했습니다.

아이도 나머지 공부가 은근 자존심 상했는지 엄마의 제안을 순순히 받아들이더군요. 매일 계산법 1장, 문장제 1장, 초등수학 1장씩 수

학 공부를 시작했습니다. 하지만 기초도 부실하고 학습 습관도 안 잡힌 녀석이 갑자기 하루 3장씩이나 풀다보니 힘에 부쳤겠지요.

호기롭게 시작한 수학 홈스터디는 공부량을 줄이려는 아들과의 전쟁으로 변질되어 갔습니다. 어떤 날은 애교와 엄살로 3장이 2장이 되고,

어떤 날은 울음과 샤우팅으로 3장이 아예 없던 일이 되어버리는 등 괴로움의 연속이었죠. 문제지 한 장과 게임 한 판의 딜이 오가는 일

도 비일비재했습니다. 곧 중학생이 될 텐데… 엄마만 조급하고 녀석은 점점 잔꾀만 늘어가더라고요. 안 하느니만 못한 수학 공부 시간

을 보내며 더이상 이대로는 안 되겠다 싶은 생각이 들었습니다. 이 전쟁을 끝낼 묘안이 절실했습니다.

우선 아이의 공부력에 비해 너무 과한 욕심을 부리지 않기로 했습니다. 매일 퇴근길에 계산법 한쪽과 문장제 한쪽으로 구성된 아이만의

맞춤형 수학 문제지를 한 장씩 만들어 갔지요. 그리고 아이와 함께 풀기 시작했습니다. 앞장에서 꼭 필요한 연산을 익히고, 뒷장에서

연산을 적용한 문장제나 응용문제를 풀게 했더니 응용문제도 연산의 연장으로 받아들이면서 어렵지 않게 접근했습니다. 아이 또한 확

줄어든 학습량에 아주 만족해하더군요. 물론 평화가 바로 찾아온 것은 아니었지만, 결과는 성공적이었다고 자부합니다.

이 경험은 <기적의 계산법 응용UP>을 기획하고 구현하게 된 시발점이 되었답니다.

1. 학습 부담을 줄일 것! 딱 한 장에 앞 연산, 뒤 응용으로 수학 핵심만 공부하게 하자.

2. 문장제와 응용은 꼭 알아야 하는 학교 수학 난이도만큼만! 성취감, 수학자신감을 느끼게 하자.

3. 욕심을 버리고, 매일 딱 한 장만! 짧고 굵게 공부하는 습관을 만들어 주자.

이 책은 위 세 가지 덕목을 갖추기 위해 무던히 애쓴 교재입니다.

<기적의 계산법 응용UP>이 저와 같은 고민으로 괴로워하는 엄마들과 언젠가는 공부하는 재미에

푹 빠지게 될 아이들에게 울트라 종합비타민 같은 선물이 되길 진심으로 바랍니다.

길벗스쿨 기적학습연구소에서

매일 한 장으로 완성하는 **응용UP 학습설계**

Step 1

핵심개념 이해

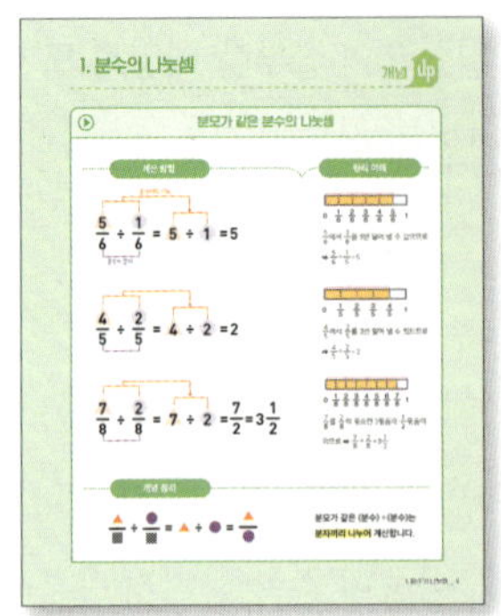
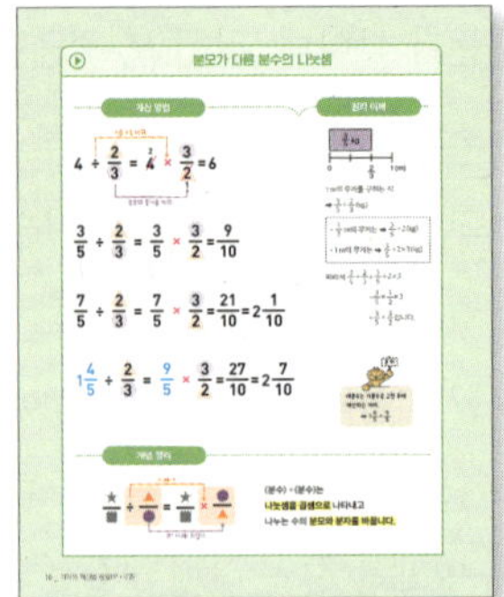

▶ 단원별 핵심 내용을 시각화하여 정리하였습니다. 연산방법, 개념 등을 정확하게 이해한 다음, 사진을 찍듯 머릿속에 담아 두세요. 개념정리만 묶어 나만의 수학개념모음집을 만들어도 좋습니다.

Step 2

연산+응용 균형학습

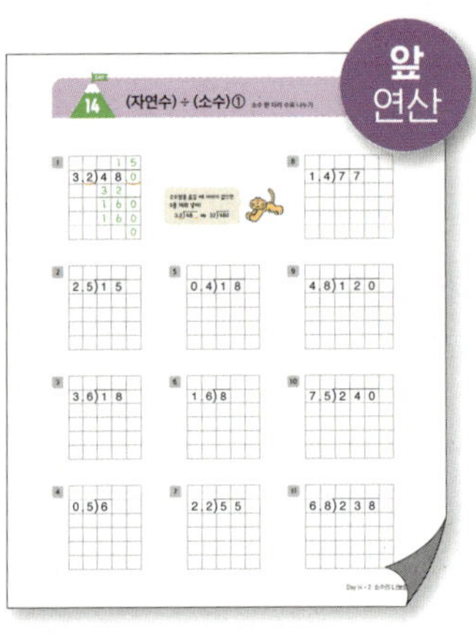

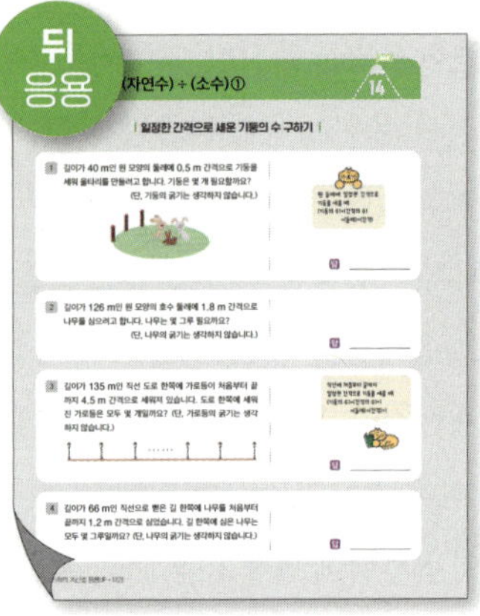

뒤집으면

▶ 앞 연산, 뒤 응용으로 구성되어 있어 매일 한 장 학습으로 연산훈련뿐만 아니라 연산적용 응용문제까지 한번에 학습할 수 있습니다. 매일 한 장씩 뜯어서 균형잡힌 연산 훈련을 해 보세요.

Step 3

평가로 실력점검

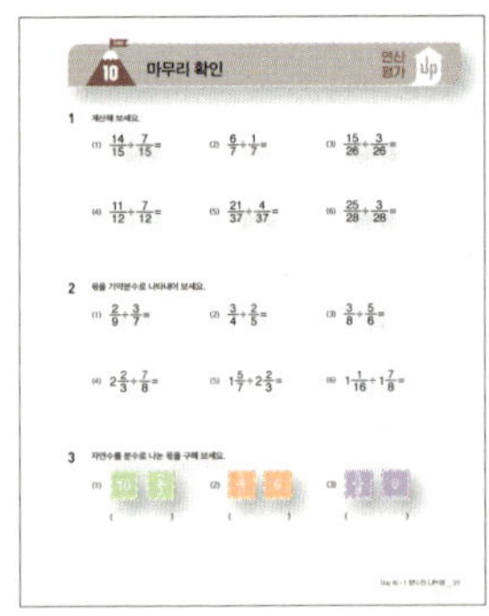
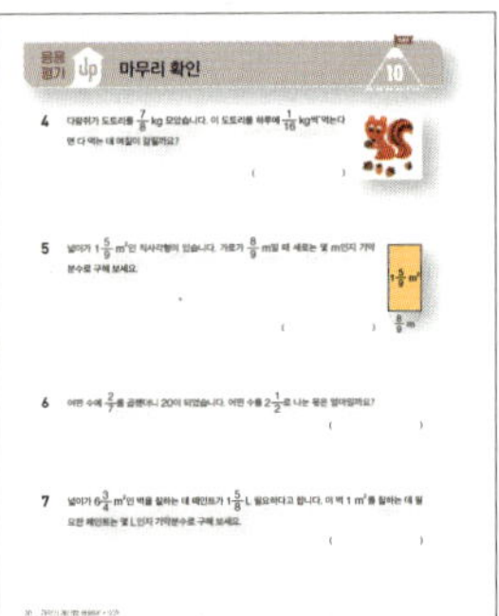

▶ 점수도 중요하지만, 얼마나 이해하고 있는지를 아는 것이 더 중요합니다. 배운 내용을 꼼꼼하게 확인하고, 틀린 문제는 앞으로 돌아가 한번 더 연습하세요.

▶ 매일 연산+응용으로 균형 있게 훈련합니다.

매일 하는 수학 공부, 연산만 편식하고 있지 않나요?
수학에서 연산은 에너지를 내는 탄수화물과 같지만,
그렇다고 밥만 먹으면 영양 불균형을 초래합니다.
튼튼한 근육을 만드는 단백질도 꼭꼭 챙겨 먹어야지요.
기적의 계산법 응용UP은 매일 한 장 학습으로
계산력과 응용력을 동시에 훈련할 수 있도록 만들었습니다.
앞에서 연산 반복훈련으로 속도와 정확성을 높이고,
뒤에서 바로 연산을 활용한 응용 문제를 해결하면서
문제이해력과 연산적용력을 키울 수 있습니다.
균형잡힌 연산 + 응용으로 수학기본기를 빈틈없이 쌓아 나갑니다.

▶ 다양한 응용 유형으로 폭넓게 학습합니다.

반복연습이 중요한 연산, 유형연습이 중요한 응용!
문장제형, 응용계산형, 빈칸추론형, 논리사고형 등 다양한 유형의 응용 문제에 연산을 적용해 보면서
연산에 대한 수학적 시야를 넓히고, 튼튼한 수학기초를 다질 수 있습니다.

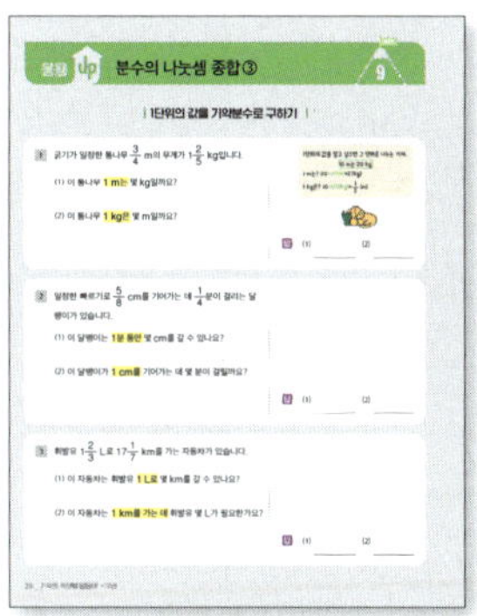 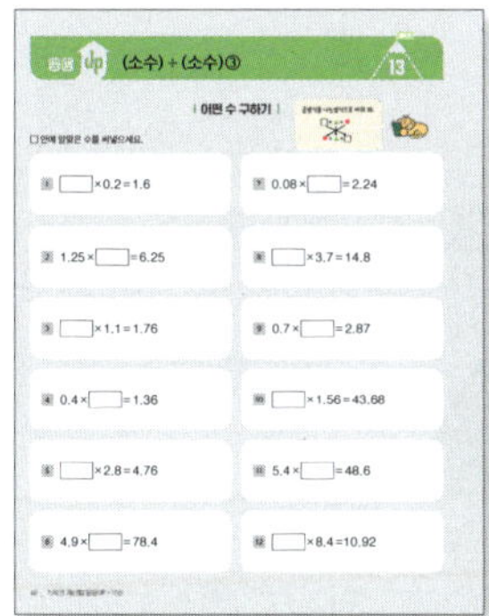 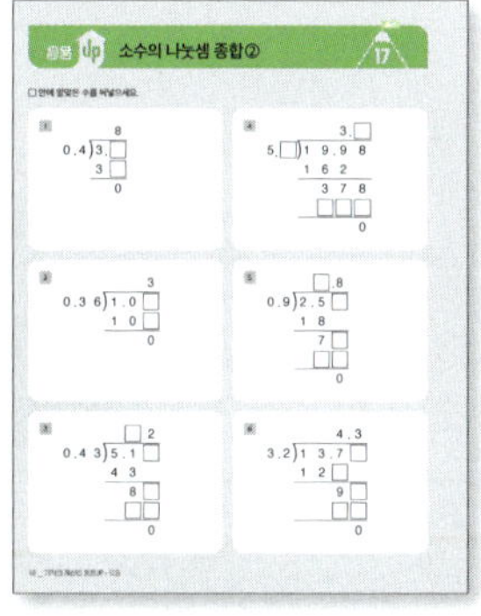 

| 문장제형 | 응용계산형 | 빈칸추론형 | 논리사고형 |

▶ 뜯기 한 장으로 언제, 어디서든 공부할 수 있습니다.

한 장씩 뜯어서 사용할 수 있도록 칼선 처리가 되어 있어
언제 어디서든 필요한 만큼 쉽게 공부할 수 있습니다.
매일 한 장씩 꾸준히 풀면서 공부 습관을 길러 봅니다.

차 례

01 분수의 나눗셈

· 학습기록표 ·

학습 일차	학습 내용	날짜	맞은 개수	
			연산	응용
DAY 1	**분모가 같은 분수의 나눗셈 ①** 분자가 나누어떨어지는 경우	/	/12	/5
DAY 2	**분모가 같은 분수의 나눗셈 ②** 분자가 나누어떨어지지 않는 경우	/	/12	/4
DAY 3	**(자연수)÷(분수)**	/	/12	/5
DAY 4	**분모가 다른 분수의 나눗셈 ①** (진분수)÷(진분수), (가분수)÷(진분수)	/	/13	/4
DAY 5	**분모가 다른 분수의 나눗셈 ②** (대분수)÷(진분수), (진분수)÷(대분수)	/	/13	/4
DAY 6	**분모가 다른 분수의 나눗셈 ③** (대분수)÷(대분수)	/	/13	/8
DAY 7	**분수의 나눗셈 종합 ①**	/	/14	/3
DAY 8	**분수의 나눗셈 종합 ②**	/	/14	/4
DAY 9	**분수의 나눗셈 종합 ③**	/	/14	/6
DAY 10	**마무리 확인**	/		/19

1. 분수의 나눗셈

분모가 같은 분수의 나눗셈

계산 방법	원리 이해

계산 방법

분자끼리 나눠.

$$\frac{5}{6} \div \frac{1}{6} = 5 \div 1 = 5$$

분모가 같아.

$$\frac{4}{5} \div \frac{2}{5} = 4 \div 2 = 2$$

$$\frac{7}{8} \div \frac{2}{8} = 7 \div 2 = \frac{7}{2} = 3\frac{1}{2}$$

원리 이해

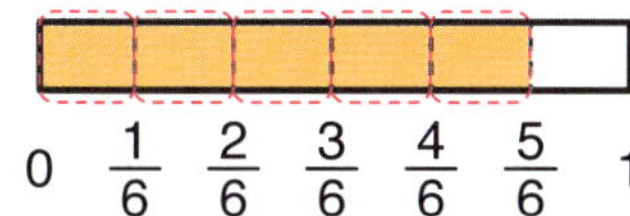

$$0 \quad \frac{1}{6} \quad \frac{2}{6} \quad \frac{3}{6} \quad \frac{4}{6} \quad \frac{5}{6} \quad 1$$

$\frac{5}{6}$ 에서 $\frac{1}{6}$ 을 5번 덜어 낼 수 있으므로

➡ $\frac{5}{6} \div \frac{1}{6} = 5$

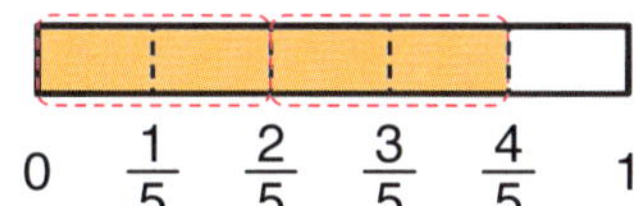

$$0 \quad \frac{1}{5} \quad \frac{2}{5} \quad \frac{3}{5} \quad \frac{4}{5} \quad 1$$

$\frac{4}{5}$ 에서 $\frac{2}{5}$ 를 2번 덜어 낼 수 있으므로

➡ $\frac{4}{5} \div \frac{2}{5} = 2$

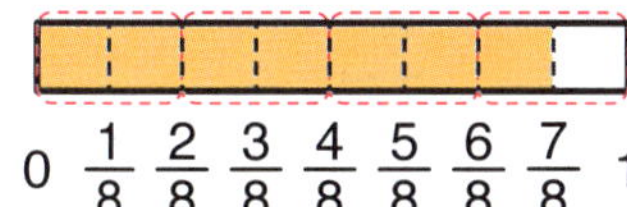

$$0 \quad \frac{1}{8} \quad \frac{2}{8} \quad \frac{3}{8} \quad \frac{4}{8} \quad \frac{5}{8} \quad \frac{6}{8} \quad \frac{7}{8} \quad 1$$

$\frac{7}{8}$ 을 $\frac{2}{8}$ 씩 묶으면 3묶음과 $\frac{1}{2}$ 묶음이

되므로 ➡ $\frac{7}{8} \div \frac{2}{8} = 3\frac{1}{2}$

개념 정리

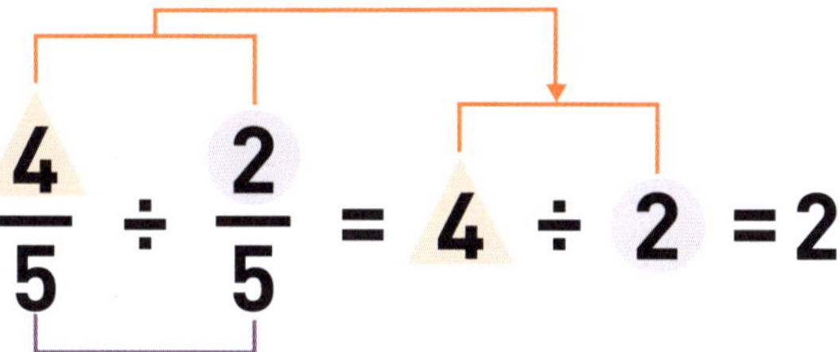

분모가 같은 (분수) ÷ (분수)는
분자끼리 나누어 계산합니다.

계산 방법

$$4 \div \frac{2}{3} = \overset{2}{\cancel{4}} \times \frac{3}{\cancel{2}_1} = 6$$

÷를 ×로 바꿔.

분모와 분자를 바꿔.

$$\frac{3}{5} \div \frac{2}{3} = \frac{3}{5} \times \frac{3}{2} = \frac{9}{10}$$

$$\frac{7}{5} \div \frac{2}{3} = \frac{7}{5} \times \frac{3}{2} = \frac{21}{10} = 2\frac{1}{10}$$

$$1\frac{4}{5} \div \frac{2}{3} = \frac{9}{5} \times \frac{3}{2} = \frac{27}{10} = 2\frac{7}{10}$$

원리 이해

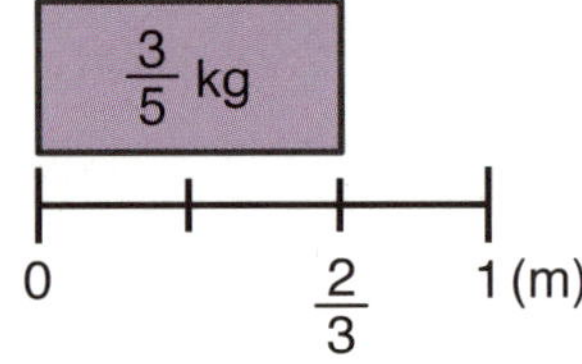

1 m의 무게를 구하는 식

➡ $\frac{3}{5} \div \frac{2}{3}$ (kg)

- $\frac{1}{3}$ m의 무게는 ➡ $\frac{3}{5} \div 2$ (kg)
- 1 m의 무게는 ➡ $\frac{3}{5} \div 2 \times 3$ (kg)

따라서 $\frac{3}{5} \div \frac{2}{3} = \frac{3}{5} \div 2 \times 3$

$= \frac{3}{5} \times \frac{1}{2} \times 3$

$= \frac{3}{5} \times \frac{3}{2}$입니다.

개념 정리

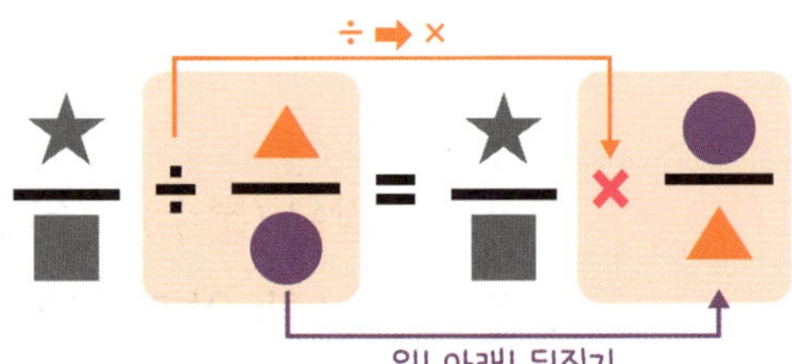

(분수) ÷ (분수)는

나눗셈을 곱셈으로 나타내고

나누는 수의 분모와 분자를 바꿉니다.

분모가 같은 분수의 나눗셈①
분자가 나누어떨어지는 경우

② 분자끼리 계산해.

1 $\dfrac{8}{9} \div \dfrac{4}{9} = 8 \div 4 = 2$

① 분모가 같으니까

7 $\dfrac{18}{19} \div \dfrac{2}{19} =$

2 $\dfrac{16}{17} \div \dfrac{4}{17} =$

8 $\dfrac{8}{13} \div \dfrac{2}{13} =$

3 $\dfrac{9}{11} \div \dfrac{3}{11} =$

9 $\dfrac{12}{17} \div \dfrac{6}{17} =$

4 $\dfrac{3}{4} \div \dfrac{1}{4} =$

10 $\dfrac{12}{13} \div \dfrac{4}{13} =$

5 $\dfrac{4}{5} \div \dfrac{2}{5} =$

11 $\dfrac{10}{11} \div \dfrac{5}{11} =$

6 $\dfrac{24}{27} \div \dfrac{8}{27} =$

12 $\dfrac{21}{22} \div \dfrac{3}{22} =$

1 준승이는 $\dfrac{14}{15}$ m의 종이를 $\dfrac{2}{15}$ m씩 잘라서 딱지를 만들었습니다. 만든 딱지는 몇 개일까요?

식

답 ____________________

2 현욱이는 레몬주스 $\dfrac{33}{40}$ L를 한 컵에 $\dfrac{11}{40}$ L씩 똑같이 나누어 담으려고 합니다. 몇 개의 컵에 나누어 담을 수 있나요?

식

답 ____________________

3 빵을 한 개 만드는 데 설탕이 $\dfrac{3}{16}$ kg 필요합니다. 설탕 $\dfrac{15}{16}$ kg으로는 빵을 몇 개 만들 수 있나요?

식

답 ____________________

4 연아는 미숫가루를 우유에 타서 $\dfrac{9}{10}$ L를 만들었습니다. 매일 $\dfrac{1}{10}$ L씩 나누어 마시면 며칠 동안 마실 수 있나요?

식

답 ____________________

5 현우네 반 교실에 걸려 있는 액자는 가로가 $\dfrac{20}{21}$ m, 세로가 $\dfrac{5}{21}$ m인 직사각형입니다. 이 액자의 가로는 세로의 몇 배일까요?

식

답 ____________________

몫을 기약분수로 나타내어 보세요.

1 $\dfrac{7}{8} \div \dfrac{2}{8} = 7 \div 2 = \dfrac{7}{2} = 3\dfrac{1}{2}$

  ① 분모가 같을 때   ② 분자끼리 계산하는데   ③ 나누어떨어지지 않으면 분수로 나타내.

7 $\dfrac{4}{7} \div \dfrac{5}{7} =$

2 $\dfrac{8}{9} \div \dfrac{5}{9} =$

8 $\dfrac{5}{11} \div \dfrac{6}{11} =$

3 $\dfrac{5}{7} \div \dfrac{2}{7} =$

9 $\dfrac{8}{17} \div \dfrac{3}{17} =$

4 $\dfrac{7}{13} \div \dfrac{4}{13} =$

10 $\dfrac{9}{19} \div \dfrac{6}{19} =$

5 $\dfrac{9}{14} \div \dfrac{5}{14} =$

11 $\dfrac{4}{9} \div \dfrac{7}{9} =$

6 $\dfrac{17}{25} \div \dfrac{8}{25} =$

12 $\dfrac{23}{24} \div \dfrac{11}{24} =$

응용 UP 분모가 같은 분수의 나눗셈 ②

1 우산의 길이는 $\frac{9}{11}$ m이고 빗자루의 길이는 $\frac{5}{11}$ m입니다. 우산의 길이는 빗자루의 길이의 몇 배인가요?

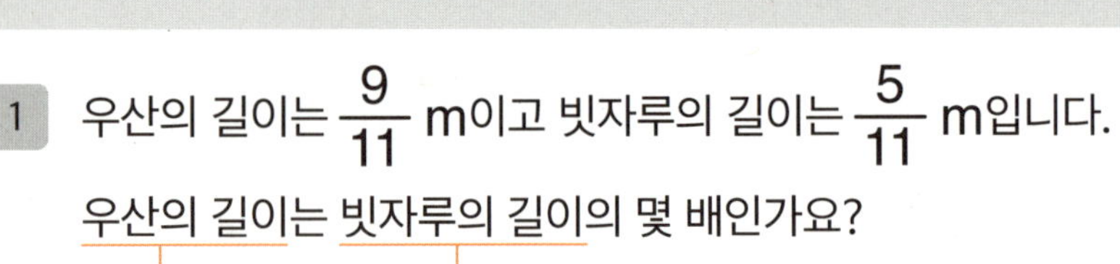

식

답 ______________

2 소금 $\frac{13}{15}$ kg을 소금 $\frac{2}{15}$ kg이 가득 차는 컵에 나누어 담 았습니다. 소금은 컵의 얼마만큼을 채울 수 있는지 대분수로 나타내어 보세요.

식

답 ______________

3 $\frac{5}{7}$ kg인 멜론의 무게는 $\frac{3}{7}$ kg인 사과 무게의 몇 배인가요?

$\frac{5}{7}$ kg $\frac{3}{7}$ kg

식

답 ______________

4 $\frac{21}{25}$ L들이 빈 주전자가 있습니다. 이 주전자에 물을 $\frac{6}{25}$ L 씩 몇 번 부으면 가득 찰까요?

식

답 ______________

1 $6 \div \dfrac{3}{10} = 20$

방법1 $(6 \div 3) \times 10 = 20$

방법2 $\overset{2}{\cancel{6}} \times \dfrac{10}{\underset{1}{\cancel{3}}} = 20$

2 $8 \div \dfrac{2}{5} =$

3 $10 \div \dfrac{2}{3} =$

4 $4 \div \dfrac{1}{2} =$

5 $24 \div \dfrac{6}{7} =$

6 $27 \div \dfrac{3}{4} =$

7 $16 \div \dfrac{4}{7} =$

8 $24 \div \dfrac{8}{9} =$

9 $8 \div \dfrac{4}{11} =$

10 $25 \div \dfrac{5}{8} =$

11 $5 \div \dfrac{5}{6} =$

12 $16 \div \dfrac{4}{9} =$

응용 UP (자연수)÷(분수)

---

1 다인이는 피자 3판을 주문했습니다. 한 조각이 피자 한 판의 $\frac{1}{8}$ 이 되게 잘랐다면 피자는 모두 몇 조각이 될까요?

식

답 ___________

---

2 리본 $\frac{2}{5}$ m로 상자를 한 개 묶을 수 있습니다. 리본 10 m로
└▶ 전체의 길이
똑같은 상자를 몇 개 묶을 수 있을까요?
└▶ 부분의 길이

식

답 ___________

3
┌▶ 전체의 양
지점토 6 kg을 학생들에게 $\frac{3}{10}$ kg씩 나누어 주려고 합니다. 몇 명에게 나누어 줄 수 있나요?
└▶ 부분의 양

식

답 ___________

---

4 나무 막대 4 m를 $\frac{2}{7}$ m씩 자르려고 합니다. 나무 막대는 모두 몇 도막이 될까요?

식

답 ___________

---

5 참기름 15 L를 한 병에 $\frac{3}{4}$ L씩 나누어 담으려고 합니다. 병은 몇 개 필요할까요?

식

답 ___________

몫을 기약분수로 나타내어 보세요.

1 $\dfrac{5}{6} \div \dfrac{3}{8}$

① 나누는 수의 분모와 분자를 바꾸어 곱하기

$= \dfrac{5}{\cancel{6}} \times \dfrac{\cancel{8}^{4}}{3}$

② 약분하기

$= \dfrac{20}{9} = 2\dfrac{2}{9}$

2 $\dfrac{3}{8} \div \dfrac{2}{5} =$

3 $\dfrac{1}{4} \div \dfrac{2}{3} =$

4 $\dfrac{3}{7} \div \dfrac{5}{6} =$

5 $\dfrac{4}{5} \div \dfrac{2}{3} =$

6 $\dfrac{4}{7} \div \dfrac{8}{9} =$

7 $\dfrac{5}{4} \div \dfrac{2}{9} =$

8 $\dfrac{21}{10} \div \dfrac{3}{5} =$

9 $\dfrac{3}{2} \div \dfrac{3}{4} =$

10 $\dfrac{5}{3} \div \dfrac{2}{9} =$

11 $\dfrac{11}{3} \div \dfrac{5}{6} =$

12 $\dfrac{9}{8} \div \dfrac{3}{4} =$

13 $\dfrac{7}{6} \div \dfrac{5}{8} =$

DAY **4**

---

1 만두 1개를 만드는 데 밀가루 $\dfrac{1}{45}$ kg이 필요합니다. 밀가루 $\dfrac{8}{9}$ kg으로 만들 수 있는 만두는 몇 개일까요?

→ 전체의 양 　　→ 한 개의 양

식

답 ___________________

---

2 쌀 $\dfrac{24}{5}$ kg을 하루에 $\dfrac{3}{10}$ kg씩 나누어 먹으려고 합니다. 며칠 동안 먹을 수 있나요?

식

답 ___________________

---

3 우현이는 산책로를 따라 $\dfrac{21}{25}$ km를 걷는 데 $\dfrac{3}{8}$ 시간이 걸렸고, 다정이는 $\dfrac{4}{5}$ km를 걷는 데 $\dfrac{7}{30}$ 시간이 걸렸습니다. 일정한 빠르기로 걷는다면 두 사람은 각각 한 시간 동안 몇 km를 갈 수 있는지 기약분수로 구해 보세요.

식　우현:

　　다정:

답　우현: ___________________

　　다정: ___________________

---

4 무게가 $\dfrac{16}{3}$ kg인 찰흙이 있습니다. 학생 한 명에게 $\dfrac{4}{9}$ kg씩 모두 나누어 준다면 몇 명에게 나누어 줄 수 있나요?

식

답 ___________________

몫을 기약분수로 나타내어 보세요.

1. $3\dfrac{1}{5} \div \dfrac{8}{9}$

  ① 대분수를 가분수로 나타내기

  $= \dfrac{16}{5} \div \dfrac{8}{9}$

  ② 나누는 수의 분모와 분자를 바꾸어 곱하기

  $= \dfrac{\overset{2}{\cancel{16}}}{5} \times \dfrac{9}{\underset{1}{\cancel{8}}}$

  ③ 약분하기

  $= \dfrac{18}{5} = 3\dfrac{3}{5}$

2. $1\dfrac{2}{3} \div \dfrac{1}{2} =$

3. $3\dfrac{1}{2} \div \dfrac{1}{4} =$

4. $1\dfrac{3}{4} \div \dfrac{7}{8} =$

5. $1\dfrac{5}{6} \div \dfrac{1}{9} =$

6. $1\dfrac{1}{3} \div \dfrac{6}{7} =$

7. $\dfrac{4}{7} \div 3\dfrac{3}{5} =$

8. $\dfrac{7}{8} \div 1\dfrac{2}{3} =$

9. $\dfrac{7}{9} \div 5\dfrac{5}{6} =$

10. $\dfrac{3}{4} \div 1\dfrac{2}{7} =$

11. $\dfrac{3}{5} \div 1\dfrac{1}{2} =$

12. $\dfrac{8}{9} \div 3\dfrac{1}{5} =$

13. $\dfrac{5}{6} \div 2\dfrac{1}{7} =$

응용 UP 분모가 다른 분수의 나눗셈②

| 도형의 길이를 기약분수로 구하기 |

1 넓이가 $3\frac{1}{3}$ m²인 직사각형이 있습니다. 세로가 $\frac{5}{6}$ m일 때 가로는 몇 m인가요?

답 ____________

3 넓이가 $\frac{7}{9}$ m²인 삼각형이 있습니다. 밑변이 $1\frac{1}{6}$ m일 때, 높이는 몇 m인가요?

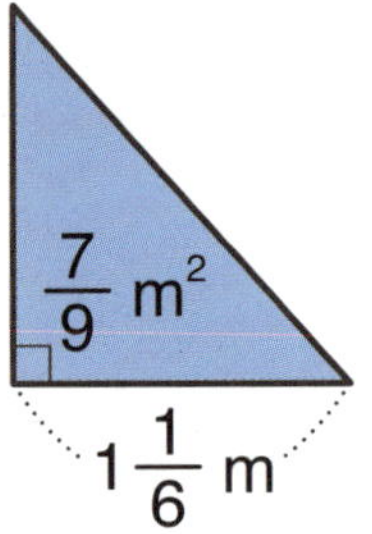

답 ____________

2 넓이가 $1\frac{2}{7}$ cm²인 평행사변형이 있습니다. 높이가 $\frac{3}{5}$ cm일 때 밑변은 몇 cm인가요?

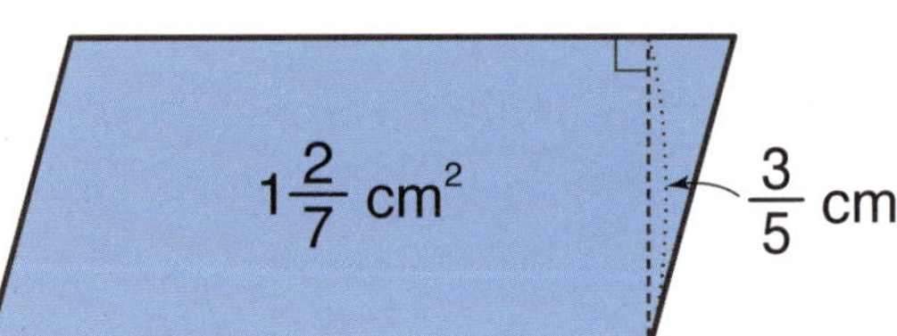

답 ____________

4 넓이가 $\frac{9}{10}$ cm²인 마름모가 있습니다. 한 대각선의 길이가 $2\frac{1}{4}$ cm일 때 다른 대각선의 길이는 몇 cm인가요?

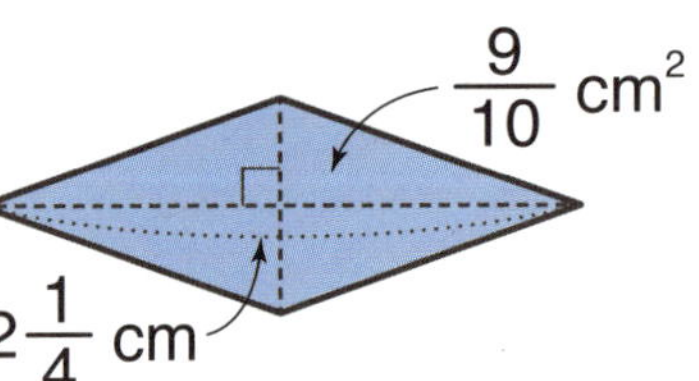

답 ____________

몫을 기약분수로 나타내어 보세요.

1 $1\dfrac{1}{5} \div 1\dfrac{2}{7}$

① 대분수를 가분수로 나타내기

$= \dfrac{6}{5} \div \dfrac{9}{7}$

② 나누는 수의 분모와 분자를 바꾸어 곱하기

$= \dfrac{\overset{2}{\cancel{6}}}{5} \times \dfrac{7}{\underset{3}{\cancel{9}}}$

③ 약분하기

$= \dfrac{14}{15}$

2 $2\dfrac{1}{2} \div 6\dfrac{1}{8} =$

3 $4\dfrac{1}{6} \div 5\dfrac{3}{4} =$

4 $1\dfrac{4}{9} \div 1\dfrac{2}{3} =$

5 $1\dfrac{3}{7} \div 1\dfrac{1}{5} =$

6 $5\dfrac{3}{5} \div 2\dfrac{1}{3} =$

7 $4\dfrac{2}{3} \div 3\dfrac{1}{2} =$

8 $2\dfrac{2}{3} \div 1\dfrac{3}{5} =$

9 $3\dfrac{1}{9} \div 2\dfrac{4}{5} =$

10 $2\dfrac{3}{7} \div 1\dfrac{1}{5} =$

11 $1\dfrac{1}{8} \div 2\dfrac{1}{10} =$

12 $1\dfrac{1}{2} \div 1\dfrac{3}{4} =$

13 $3\dfrac{5}{7} \div 2\dfrac{1}{6} =$

몇 배인지 구할 때
작은 수를 큰 수로 나눌 수도 있어.
예 5는 10의 몇 배인가?
➡ $5 \div 10 = \dfrac{1}{2}$(배)

A는 B의 몇 배, B는 A의 몇 배?

1

오렌지주스: $1\dfrac{1}{4}$ L   포도주스: $1\dfrac{3}{5}$ L

(1) 오렌지주스 양은 포도주스 양의 몇 배인가요?
➡ 기준량으로 나눠.

식   답
____

(2) 포도주스 양은 오렌지주스 양의 몇 배인가요?
➡ 기준량으로 나눠.

식   답
____

3

강아지: $5\dfrac{5}{6}$ kg   고양이: $2\dfrac{6}{7}$ kg

(1) 고양이 무게는 강아지 무게의 몇 배인가요?

식   답
____

(2) 강아지 무게는 고양이 무게의 몇 배인가요?

식   답
____

2

서연: $\dfrac{5}{6}$ 민경: $\dfrac{2}{3}$

(1) 서연이가 가진 피자의 양은 민경이가 가진
피자의 양의 몇 배인가요?

식   답
____

(2) 민경이가 가진 피자의 양은 서연이가 가진
피자의 양의 몇 배인가요?

식   답
____

4

동화책: $\dfrac{5}{8}$ kg   백과사전: $2\dfrac{11}{12}$ kg

(1) 백과사전 무게는 동화책 무게의 몇 배인
가요?

식   답
____

(2) 동화책 무게는 백과사전 무게의 몇 배인
가요?

식   답
____

몫을 기약분수로 나타내어 보세요.

1. $\dfrac{3}{4} \div \dfrac{1}{2} = \dfrac{3}{4} \times \dfrac{2}{1} = \dfrac{3}{2} = 1\dfrac{1}{2}$

2. $\dfrac{3}{5} \div \dfrac{3}{10} =$

3. $\dfrac{4}{7} \div \dfrac{2}{3} =$

4. $\dfrac{7}{9} \div \dfrac{3}{5} =$

5. $\dfrac{7}{12} \div \dfrac{2}{9} =$

6. $\dfrac{11}{18} \div \dfrac{11}{12} =$

7. $2\dfrac{2}{5} \div 1\dfrac{1}{10} =$

8. $\dfrac{12}{13} \div \dfrac{2}{13} =$

9. $\dfrac{7}{8} \div \dfrac{3}{8} =$

10. $\dfrac{6}{11} \div \dfrac{10}{11} =$

11. $15 \div \dfrac{5}{9} =$

12. $9 \div \dfrac{3}{7} =$

13. $3\dfrac{5}{6} \div 3\dfrac{2}{7} =$

14. $2\dfrac{3}{4} \div 3\dfrac{2}{3} =$

잘못 계산한 곳을 찾아 이유를 쓰고, 바르게 계산해 보세요.

1

$$\frac{9}{4} \div \frac{3}{5} = 9 \div 3 = 3$$

➡ 이유

바른 계산

2

$$2\frac{1}{2} \div 1\frac{3}{4} = 2\frac{1}{2} \times 1\frac{4}{3}$$

$$= \frac{5}{2} \times \frac{7}{3} = \frac{35}{6}$$

$$= 5\frac{5}{6}$$

➡ 이유

바른 계산

3

$$\frac{7}{6} \div \frac{2}{3} = \frac{7}{\overset{}{\underset{3}{6}}} \times \frac{\overset{1}{2}}{3} = \frac{7}{9}$$

➡ 이유

바른 계산

분수의 나눗셈 종합②

몫을 기약분수로 나타내어 보세요.

1 $\dfrac{8}{15} \div \dfrac{4}{15} = 2$

방법1 $8 \div 4 = 2$ 방법2 $\dfrac{\overset{2}{\cancel{8}}}{\cancel{15}} \times \dfrac{\cancel{15}}{\cancel{4}} = 2$

2 $\dfrac{9}{11} \div \dfrac{3}{11} =$

3 $\dfrac{5}{14} \div \dfrac{9}{14} =$

4 $\dfrac{2}{7} \div \dfrac{5}{7} =$

5 $40 \div \dfrac{8}{13} =$

6 $9 \div \dfrac{3}{4} =$

7 $3\dfrac{3}{8} \div 2\dfrac{1}{4} =$

8 $\dfrac{3}{4} \div \dfrac{2}{3} =$

9 $\dfrac{9}{2} \div \dfrac{5}{6} =$

10 $\dfrac{4}{5} \div \dfrac{5}{8} =$

11 $5\dfrac{1}{2} \div \dfrac{3}{4} =$

12 $1\dfrac{1}{6} \div \dfrac{7}{8} =$

13 $1\dfrac{7}{9} \div 1\dfrac{3}{5} =$

14 $2\dfrac{1}{3} \div 2\dfrac{2}{5} =$

| 어떤 수 구하기 |

1 □ 안에 알맞은 기약분수를 구해 보세요.

$$\square \times \frac{2}{3} = \frac{4}{5}$$

답 

2 어떤 수에 $2\frac{5}{8}$ 를 곱했더니 $\frac{7}{12}$ 이 되었습니다. 어떤 수를 기약분수로 구해 보세요.

답 

3 어떤 수에 $\frac{6}{7}$ 을 곱했더니 $\frac{4}{7}$ 가 되었습니다. 어떤 수를 $\frac{4}{5}$ 로 나눈 몫을 기약분수로 구해 보세요.

답 

4 어떤 수를 $\frac{2}{3}$ 로 나누어야 할 것을 잘못하여 곱했더니 $\frac{1}{6}$ 이 되었습니다. 바르게 계산한 값을 기약분수로 구해 보세요.

답 _______________

몫을 기약분수로 나타내어 보세요.

1 $9 \div \dfrac{3}{8} = \overset{3}{\cancel{9}} \times \dfrac{8}{\underset{1}{\cancel{3}}} = 24$

2 $\dfrac{8}{9} \div \dfrac{11}{18} =$

3 $\dfrac{12}{7} \div \dfrac{2}{21} =$

4 $2\dfrac{4}{5} \div \dfrac{2}{3} =$

5 $3\dfrac{7}{9} \div 2\dfrac{1}{6} =$

6 $\dfrac{3}{10} \div \dfrac{9}{10} =$

7 $1\dfrac{8}{9} \div 2\dfrac{1}{3} =$

8 $\dfrac{16}{21} \div \dfrac{8}{21} =$

9 $\dfrac{14}{15} \div \dfrac{7}{20} =$

10 $\dfrac{10}{27} \div 1\dfrac{2}{3} =$

11 $\dfrac{12}{5} \div \dfrac{10}{11} =$

12 $\dfrac{20}{9} \div \dfrac{5}{6} =$

13 $3\dfrac{3}{4} \div 3\dfrac{3}{5} =$

14 $5\dfrac{1}{4} \div 1\dfrac{1}{6} =$

| 1단위의 값을 기약분수로 구하기 |

1 굵기가 일정한 통나무 $\dfrac{3}{4}$ m의 무게가 $1\dfrac{2}{5}$ kg입니다.

(1) 이 통나무 **1 m는** 몇 kg일까요?

(2) 이 통나무 **1 kg은** 몇 m일까요?

답 (1) __________   (2) __________

---

2 일정한 빠르기로 $\dfrac{5}{8}$ cm를 기어가는 데 $\dfrac{1}{4}$ 분이 걸리는 달팽이가 있습니다.

(1) 이 달팽이는 **1분 동안** 몇 cm를 갈 수 있나요?

(2) 이 달팽이가 **1 cm를** 기어가는 데 몇 분이 걸릴까요?

답 (1) __________   (2) __________

---

3 휘발유 $1\dfrac{2}{3}$ L로 $17\dfrac{1}{7}$ km를 가는 자동차가 있습니다.

(1) 이 자동차는 휘발유 **1 L로** 몇 km를 갈 수 있나요?

(2) 이 자동차는 **1 km를 가는 데** 휘발유 몇 L가 필요한가요?

답 (1) __________   (2) __________

1 계산해 보세요.

(1) $\dfrac{14}{15} \div \dfrac{7}{15} =$　　(2) $\dfrac{6}{7} \div \dfrac{1}{7} =$　　(3) $\dfrac{15}{26} \div \dfrac{3}{26} =$

(4) $\dfrac{11}{12} \div \dfrac{7}{12} =$　　(5) $\dfrac{21}{37} \div \dfrac{4}{37} =$　　(6) $\dfrac{25}{28} \div \dfrac{3}{28} =$

2 몫을 기약분수로 나타내어 보세요.

(1) $\dfrac{2}{9} \div \dfrac{3}{7} =$　　(2) $\dfrac{3}{4} \div \dfrac{2}{5} =$　　(3) $\dfrac{3}{8} \div \dfrac{5}{6} =$

(4) $2\dfrac{2}{3} \div \dfrac{7}{8} =$　　(5) $1\dfrac{5}{7} \div 2\dfrac{2}{3} =$　　(6) $1\dfrac{1}{16} \div 1\dfrac{7}{8} =$

3 자연수를 분수로 나눈 몫을 구해 보세요.

(1)  $\;10\quad \dfrac{2}{3}$

(　　　　　）

(2)  $\;\dfrac{3}{5}\quad 6$

(　　　　　）

(3) $\dfrac{3}{8}\quad 9$

(　　　　　）

4 다람쥐가 도토리를 $\dfrac{7}{8}$ kg 모았습니다. 이 도토리를 하루에 $\dfrac{1}{16}$ kg씩 먹는다면 다 먹는 데 며칠이 걸릴까요?

(   )

5 넓이가 $1\dfrac{5}{9}$ m²인 직사각형이 있습니다. 가로가 $\dfrac{8}{9}$ m일 때 세로는 몇 m인지 기약분수로 구해 보세요.

(   )

6 어떤 수에 $\dfrac{2}{7}$ 를 곱했더니 20이 되었습니다. 어떤 수를 $2\dfrac{1}{2}$ 로 나눈 몫은 얼마일까요?

(   )

7 넓이가 $6\dfrac{3}{4}$ m²인 벽을 칠하는 데 페인트가 $1\dfrac{5}{8}$ L 필요하다고 합니다. 이 벽 1 m²를 칠하는 데 필요한 페인트는 몇 L인지 기약분수로 구해 보세요.

(   )

02 소수의 나눗셈

학습 일차	학습 내용	날짜	맞은 개수	
			연산	응용
DAY 11	(소수)÷(소수) ① 자릿수가 같은 경우	/	/12	/5
DAY 12	(소수)÷(소수) ② 자릿수가 다른 경우	/	/11	/4
DAY 13	(소수)÷(소수) ③ 자릿수가 다른 경우	/	/11	/12
DAY 14	(자연수)÷(소수) ① 소수 한 자리 수로 나누기	/	/11	/4
DAY 15	(자연수)÷(소수) ② 소수 두 자리 수로 나누기	/	/11	/3
DAY 16	소수의 나눗셈 종합 ①	/	/9	/5
DAY 17	소수의 나눗셈 종합 ②	/	/10	/6
DAY 18	몫을 반올림하기 ①	/	/4	/3
DAY 19	몫을 반올림하기 ②	/	/4	/3
DAY 20	몫과 남는 양 구하기 ①	/	/9	/5
DAY 21	몫과 남는 양 구하기 ②	/	/9	/4
DAY 22	마무리 확인	/		/13

2. 소수의 나눗셈

(소수)÷(소수)

· 자릿수가 같은 나눗셈

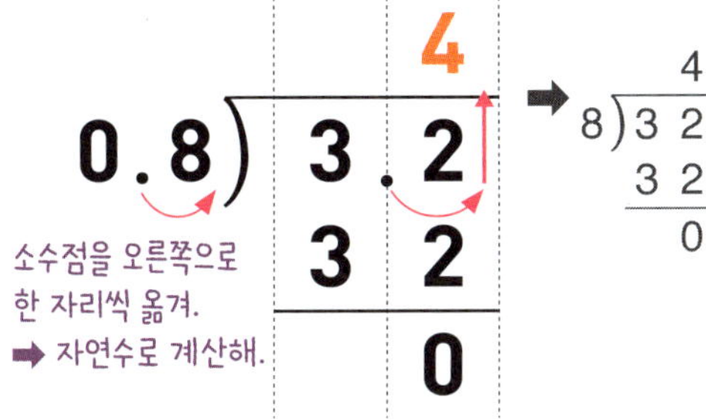

소수점을 오른쪽으로 한 자리씩 옮겨.
➡ 자연수로 계산해.

나누는 수가 자연수가 되도록 나누는 수와 나누어지는 수의 소수점을 똑같이 옮깁니다.

· 자릿수가 다른 나눗셈

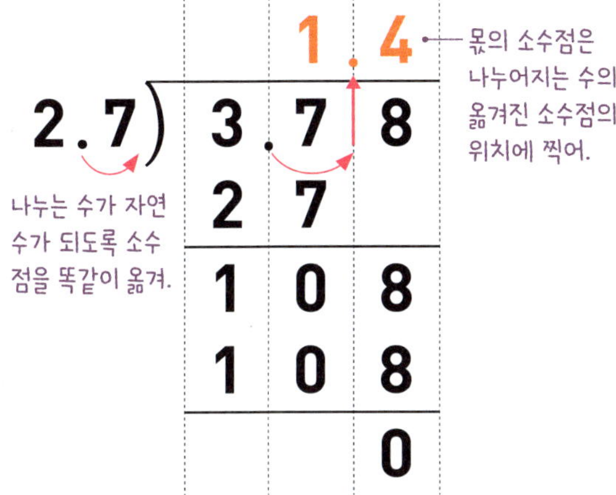

몫의 소수점은 나누어지는 수의 옮겨진 소수점의 위치에 찍어.

나누는 수가 자연수가 되도록 소수점을 똑같이 옮겨.

❶ 나누는 수가 자연수가 되도록 나누는 수와 나누어지는 수의 소수점을 똑같이 옮깁니다.

❷ 몫의 소수점은 나누어지는 수의 옮겨진 소수점의 위치에 찍습니다.

(자연수)÷(소수)

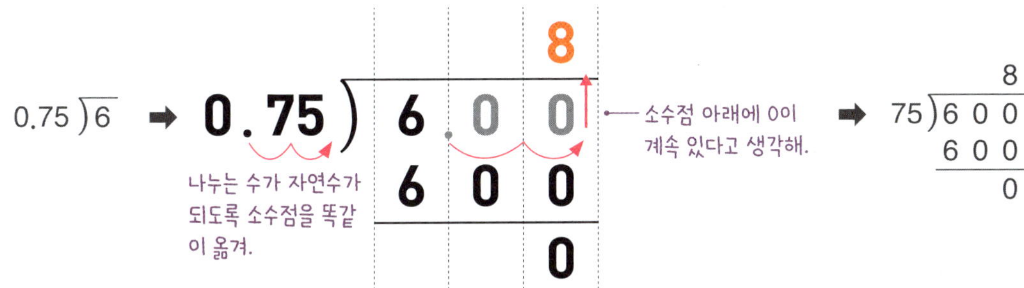

나누는 수가 자연수가 되도록 소수점을 똑같이 옮겨.

소수점 아래에 0이 계속 있다고 생각해.

❶ 나누는 수가 자연수가 되도록 나누는 수와 나누어지는 수의 소수점을 똑같이 옮깁니다.

❷ 이때 나누어지는 수의 소수점 아래에 0이 계속 있다고 생각하여 0을 채워 넣습니다.

❸ 자연수의 나눗셈 600÷75를 계산합니다.

몫을 반올림하기


```
        0. 6  6  6 …
   6 ) 4. 0  0  0
       3  6
          4  0
          3  6
             4  0
             3  6
                4
```

몫을 반올림하여

- 소수 첫째 자리까지 나타내기
  ➡ 소수 둘째 자리에서 반올림해요.

$$0.66 …… ➡ 0.7$$

- 소수 둘째 자리까지 나타내기
  ➡ 소수 셋째 자리에서 반올림해요.

$$0.666 …… ➡ 0.67$$

몫과 남는 양 구하기

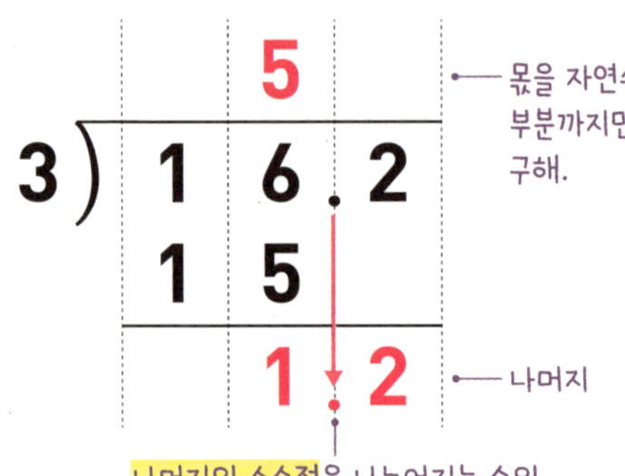

나머지의 소수점은 나누어지는 수의
처음 소수점의 위치에 찍어.

16.2÷3의 몫을 자연수 부분까지만 구하고 계산을 멈춥니다.

➡ 이때 몫은 5, 나머지는 1.2입니다.

소수점의 위치

몫 나누어지는 수의 옮겨진 소수점의 위치에 찍어요.

나머지 나누어지는 수의 처음 소수점의 위치에 찍어요.

(소수) ÷ (소수) ① 자릿수가 같은 경우

① 소수점 옮기기
② 자연수로 계산하기

1
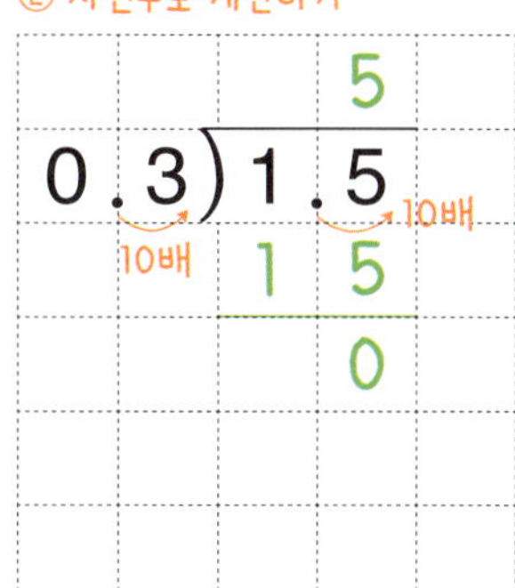

5
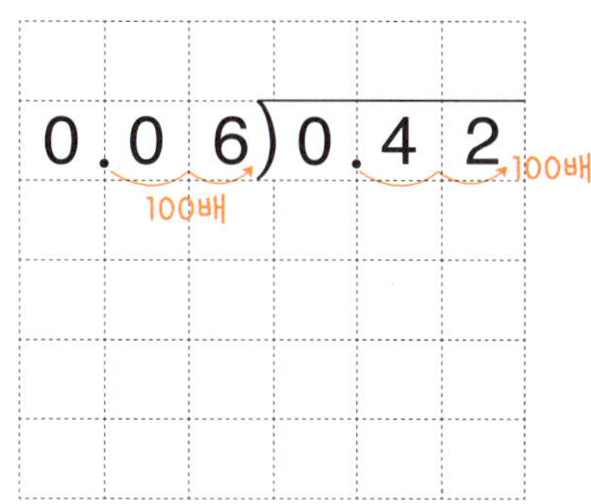

9

2.1)1 4.7

2

2.4)7.2

6

0.1 1)0.8 8

10

1.8)4 6.8

3

1.2)8.4

7

0.3 5)3.1 5

11

1.7 3)2 5.9 5

4

1.6)3.2

8

1.2 8)5.1 2

12

2.4 5)3 1.8 5

1 모빌을 만들기 위해 길이가 3.25 m인 철사를 0.25 m씩 자르면 모두 몇 도막이 될까요?

식

답 ___________

2 농장에서 우유 81.6 L를 한 병에 1.2 L씩 담으려고 합니다. 병은 몇 개 필요할까요?

식

답 ___________

3 일정한 빠르기로 1분에 1.4 km를 달리는 자동차가 51.8 km를 가는 데 걸리는 시간은 몇 분일까요?

식

답 ___________

4 넓이가 13.44 m²인 평행사변형 모양의 꽃밭이 있습니다. 이 꽃밭의 밑변이 3.36 m일 때 높이는 몇 m일까요?

식

답 ___________

5 1초에 0.3 L씩 물이 나오는 수도꼭지가 있습니다. 이 수도꼭지로 들이가 5.1 L인 주전자를 가득 채우려면 몇 초 동안 물을 받아야 할까요?

식

답 ___________

(소수) ÷ (소수) ② 자릿수가 다른 경우

1

$$0.4)\overline{0.9\,6}$$

```
        2.4
0.4)0.9 6
      8
      1 6
      1 6
        0
```

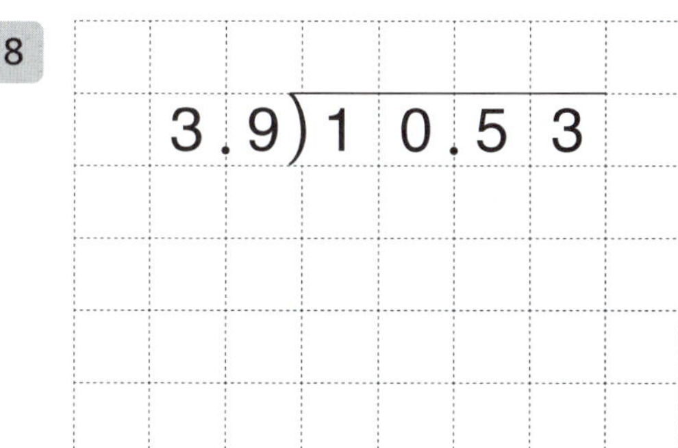

① 소수점 옮기기
② 계산하기
③ 몫의 소수점 찍기
  └ 나누어지는 수의 옮긴 소수점의 위치에

8

$$3.9)\overline{1\,0\,5\,3}$$

2

$$1.2)\overline{0.8\,4}$$

5

$$4.8)\overline{2\,0.6\,4}$$

9

$$4\,2.7)\overline{1\,3\,6.6\,4}$$

3

$$0.7)\overline{1.2\,6}$$

6

$$1.9)\overline{9.1\,2}$$

10

$$3\,7.5)\overline{1\,0\,8.7\,5}$$

4

$$1.3)\overline{1.5\,6}$$

7

$$2.3)\overline{6.4\,4}$$

11

$$2\,0.3)\overline{9\,1.3\,5}$$

응용 UP (소수) ÷ (소수) ②

1 가 리본의 길이는 나 리본의 길이의 몇 배일까요?

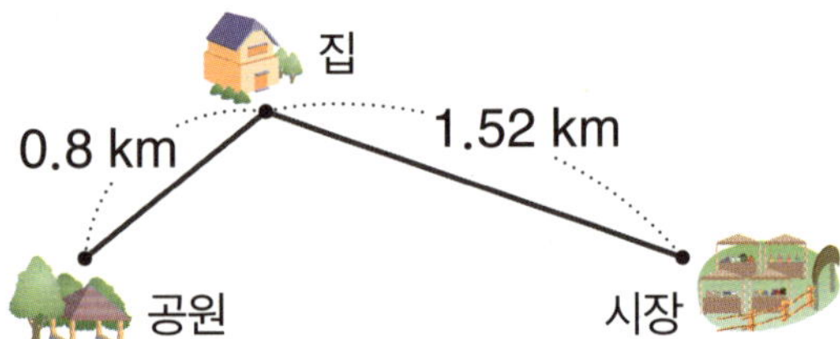

식

답 ___________

2 집에서 시장까지의 거리는 집에서 공원까지의 거리의 몇 배일까요?

식

답 ___________

3 어느 동물원에 있는 기린의 키는 **6.21 m**이고, 사슴의 키는 **2.3 m**입니다. 기린의 키는 사슴의 키의 몇 배인가요?

식

답 ___________

4 어느 날 휴대폰의 사용 시간을 조사하였더니 동호는 **1.3**시간이고, 재윤이는 **2.34**시간이었습니다. 이 날 휴대폰 사용 시간은 재윤이가 동호의 몇 배인가요?

식

답 ___________

1

$$3.1\overline{)7.44}$$

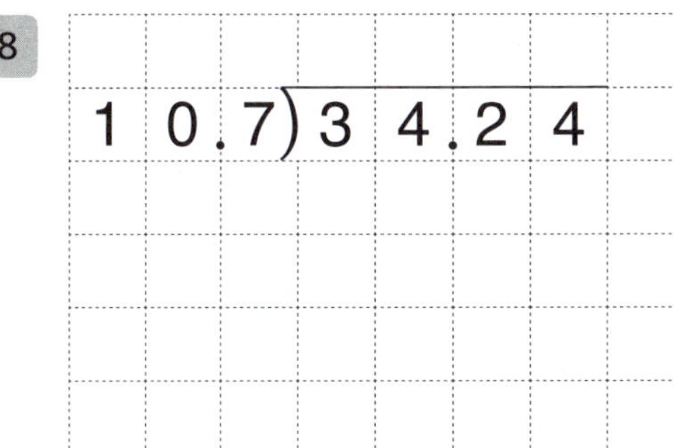

2

$$0.6\overline{)3.24}$$

3

$$8.8\overline{)6.16}$$

4

$$0.7\overline{)1.61}$$

5

$$5.6\overline{)13.44}$$

6

$$7.2\overline{)12.96}$$

7

$$6.3\overline{)11.34}$$

8

$$10.7\overline{)34.24}$$

9

$$24.3\overline{)38.88}$$

10

$$12.8\overline{)107.52}$$

11

$$40.6\overline{)211.12}$$

어떤 수 구하기

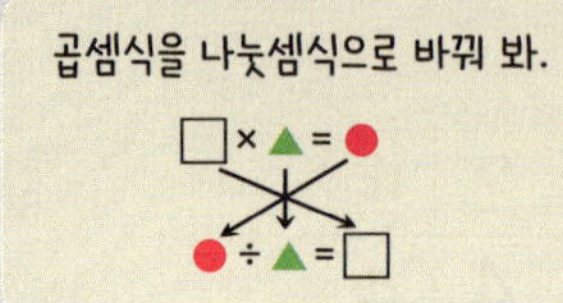

□ 안에 알맞은 수를 써넣으세요.

1 □ × 0.2 = 1.6

2 1.25 × □ = 6.25

3 □ × 1.1 = 1.76

4 0.4 × □ = 1.36

5 □ × 2.8 = 4.76

6 4.9 × □ = 78.4

7 0.08 × □ = 2.24

8 □ × 3.7 = 14.8

9 0.7 × □ = 2.87

10 □ × 1.56 = 43.68

11 5.4 × □ = 48.6

12 □ × 8.4 = 10.92

DAY 14 (자연수) ÷ (소수) ① 소수 한 자리 수로 나누기

1

```
         1 5
3.2)4 8.0
     3 2
     1 6 0
     1 6 0
           0
```

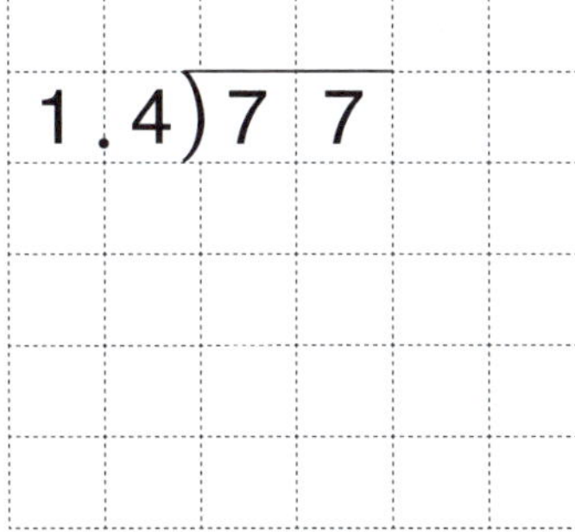

8

```
1.4)7 7
```

2

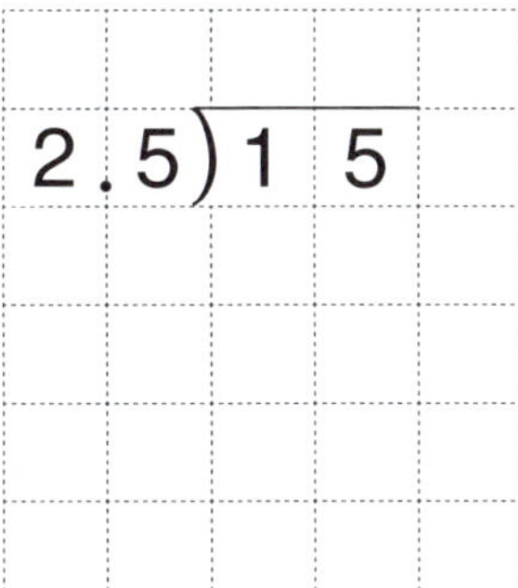
```
2.5)1 5
```

5

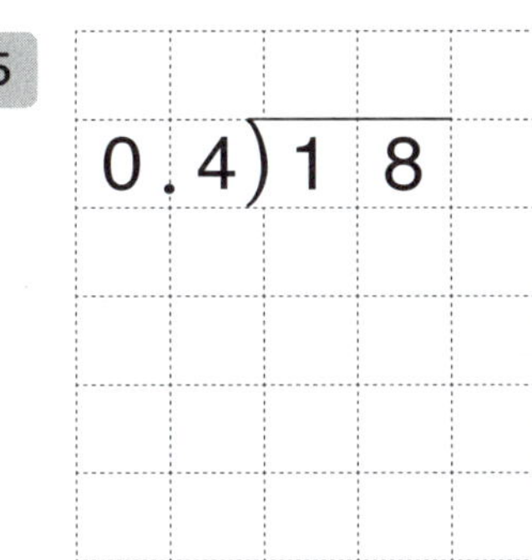
```
0.4)1 8
```

9

```
4.8)1 2 0
```

3

```
3.6)1 8
```

6

```
1.6)8
```

10

```
7.5)2 4 0
```

4

```
0.5)6
```

7

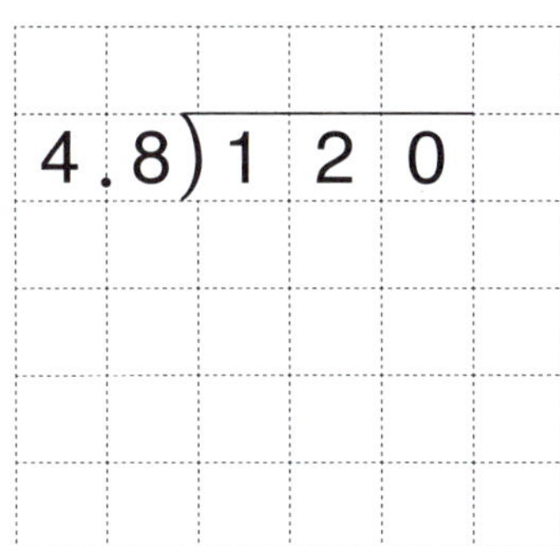
```
2.2)5 5
```

11

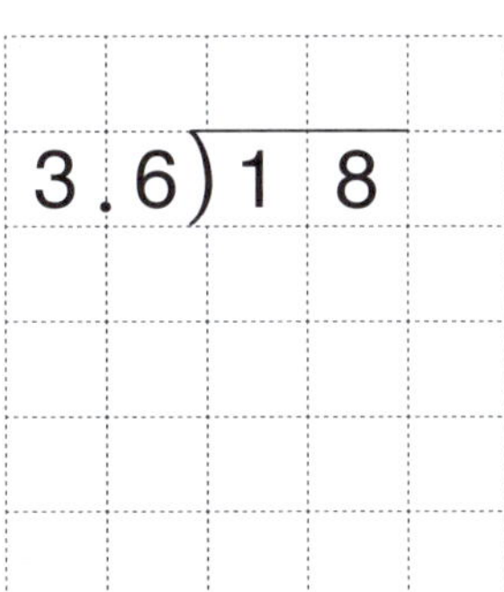 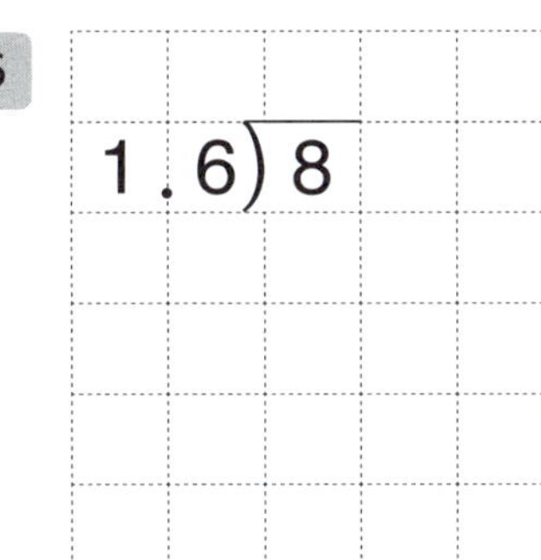 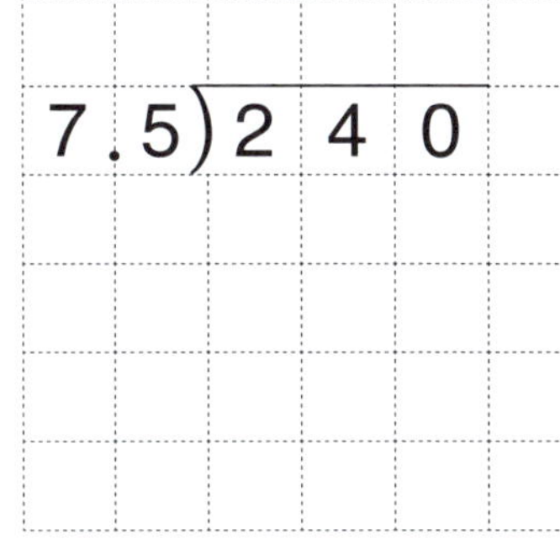 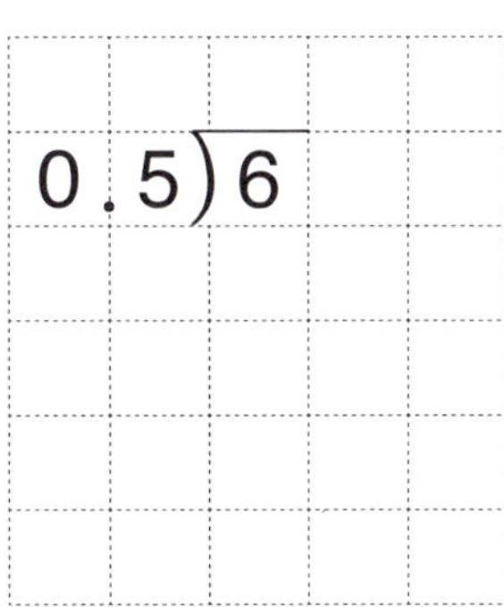 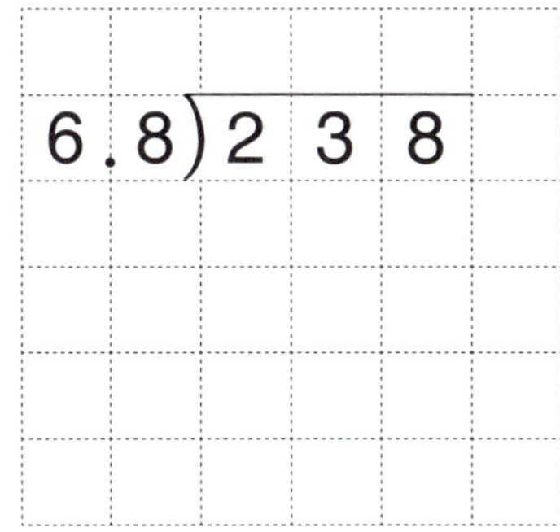
```
6.8)2 3 8
```

응용 UP (자연수) ÷ (소수) ①

| 일정한 간격으로 세운 기둥의 수 구하기 |

1 길이가 **40 m**인 원 모양의 둘레에 **0.5 m** 간격으로 기둥을 세워 울타리를 만들려고 합니다. 기둥은 몇 개 필요할까요?

(단, 기둥의 굵기는 생각하지 않습니다.)

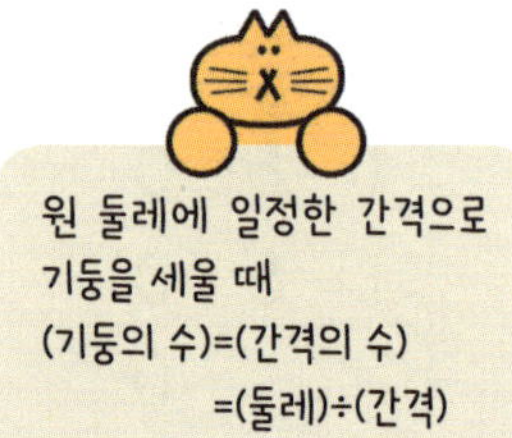

답 ______________

2 길이가 **126 m**인 원 모양의 호수 둘레에 **1.8 m** 간격으로 나무를 심으려고 합니다. 나무는 몇 그루 필요까요?

(단, 나무의 굵기는 생각하지 않습니다.)

답 ______________

3 길이가 **135 m**인 직선 도로 한쪽에 가로등이 처음부터 끝까지 **4.5 m** 간격으로 세워져 있습니다. 도로 한쪽에 세워진 가로등은 모두 몇 개일까요? (단, 가로등의 굵기는 생각하지 않습니다.)

답 ______________

4 길이가 **66 m**인 직선으로 뻗은 길 한쪽에 나무를 처음부터 끝까지 **1.2 m** 간격으로 심었습니다. 길 한쪽에 심은 나무는 모두 몇 그루일까요? (단, 나무의 굵기는 생각하지 않습니다.)

답 ______________

(자연수) ÷ (소수) ② 소수 두 자리 수로 나누기

연산 up

1

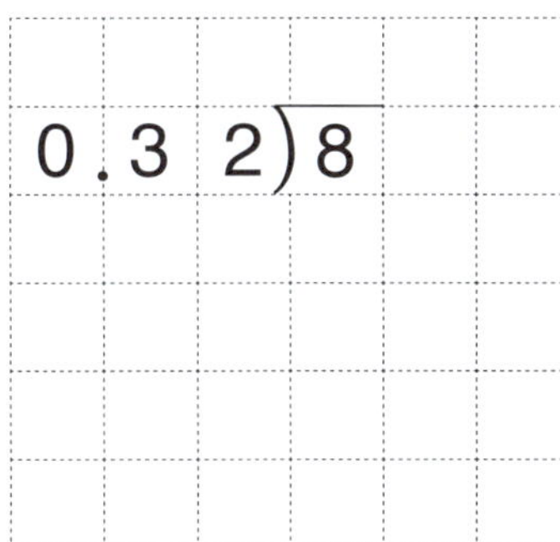

$$0.75)\overline{9.00} = 12$$

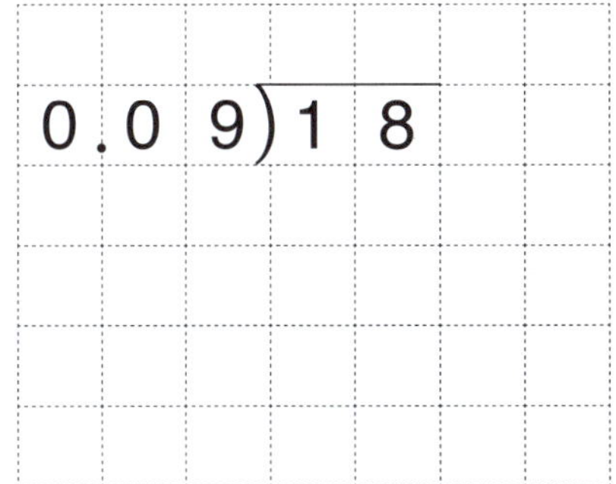

8

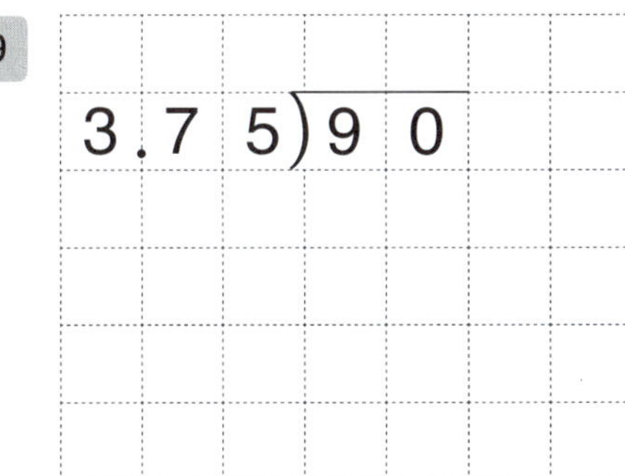

$$0.09)\overline{18}$$

2

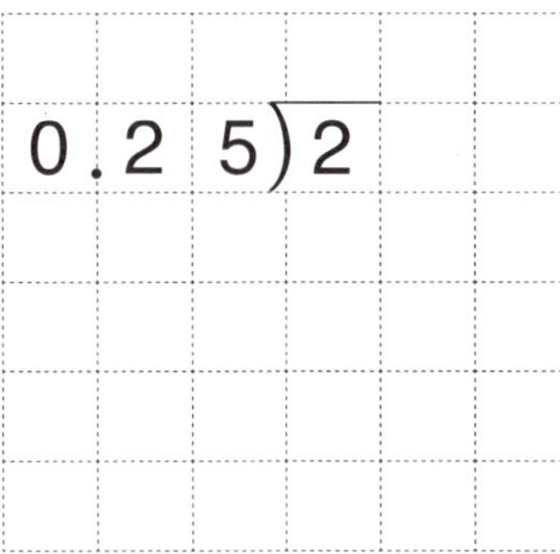

$$0.32)\overline{8}$$

5

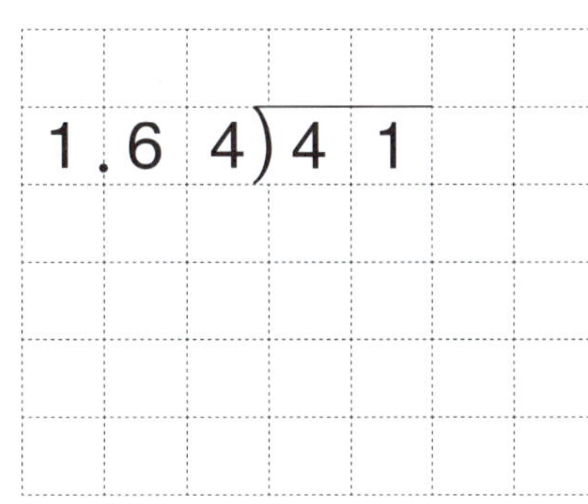

$$1.64)\overline{41}$$

9

$$3.75)\overline{90}$$

3

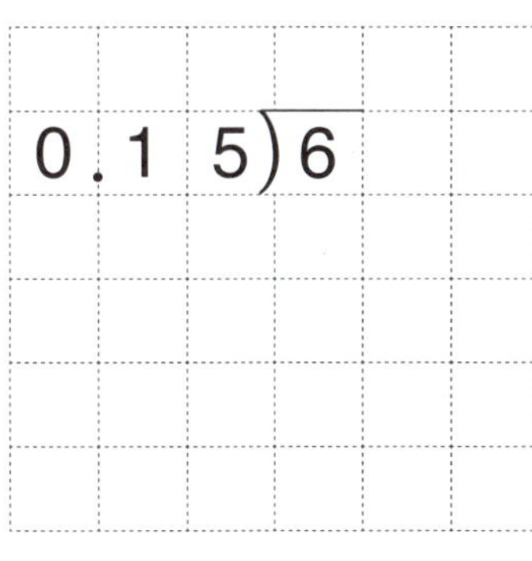

$$0.25)\overline{2}$$

6

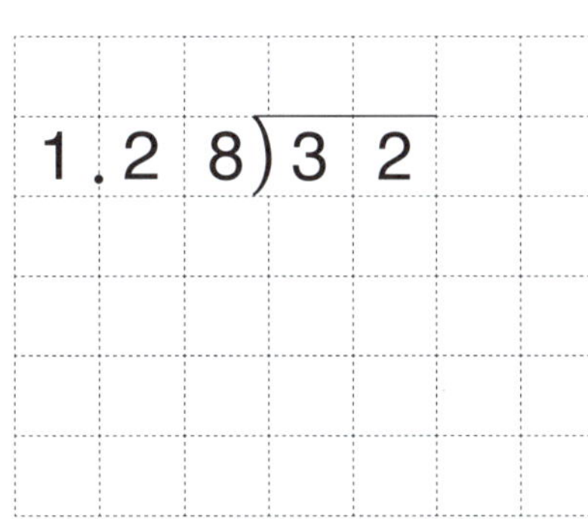

$$1.28)\overline{32}$$

10

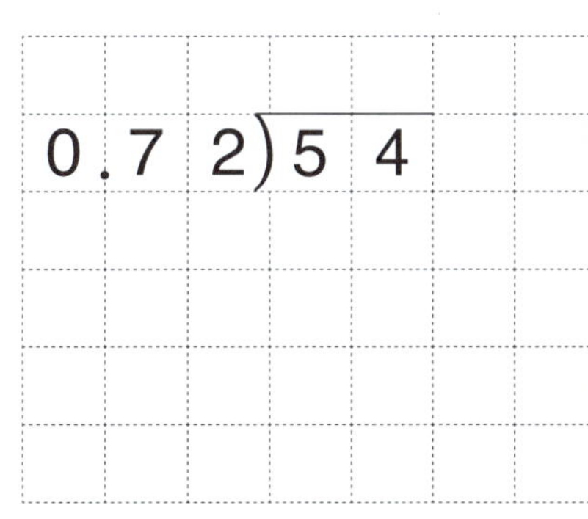

$$1.25)\overline{40}$$

4

$$0.15)\overline{6}$$

7

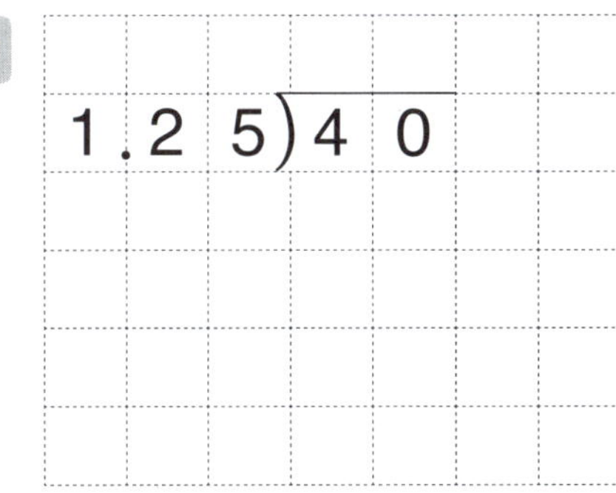

$$0.72)\overline{54}$$

11

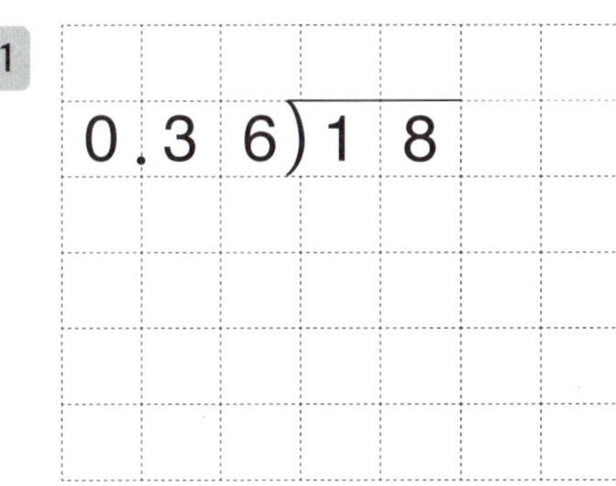

$$0.36)\overline{18}$$

응용 UP (자연수) ÷ (소수) ②

잘못 계산한 곳을 찾아 바르게 계산해 보세요.

1

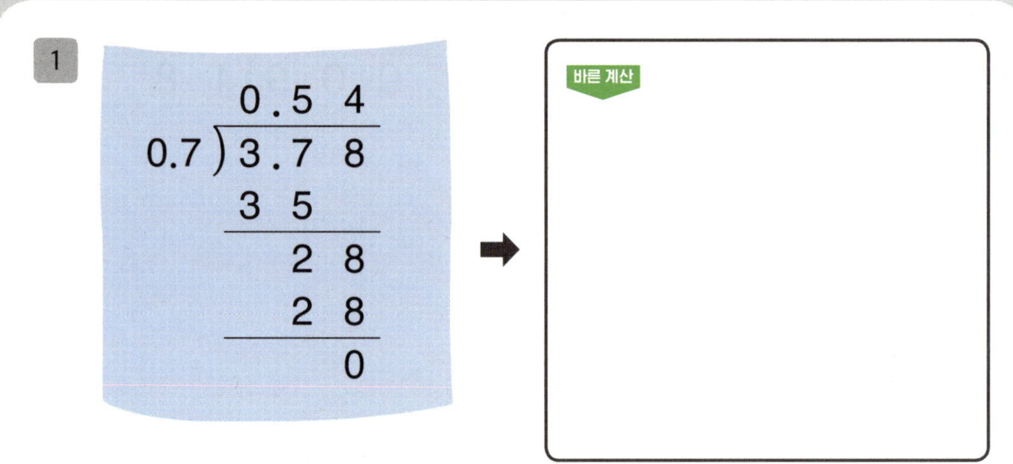

바른 계산

몫의 소수점은 나누어지는 수의 옮긴 소수점의 위치에 찍어야 해.

2

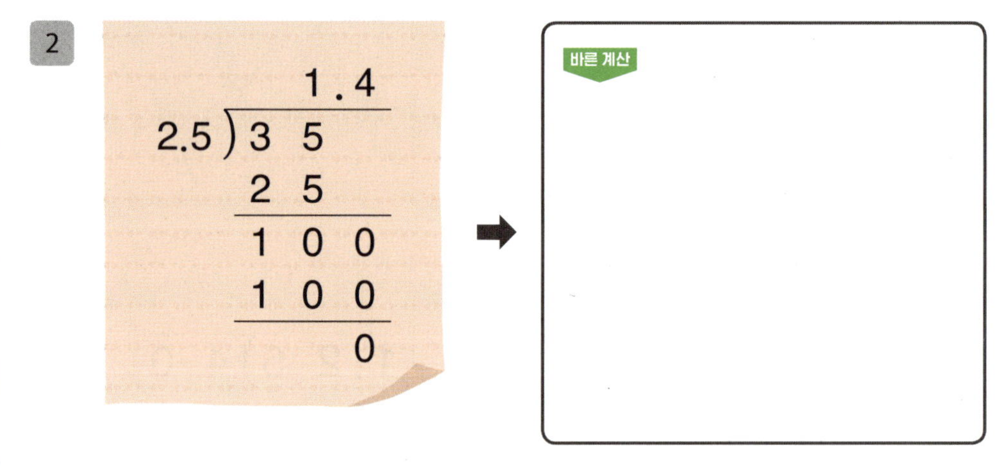

바른 계산

3

바른 계산

소수의 나눗셈 종합①

1 8.4 ÷ 1.2

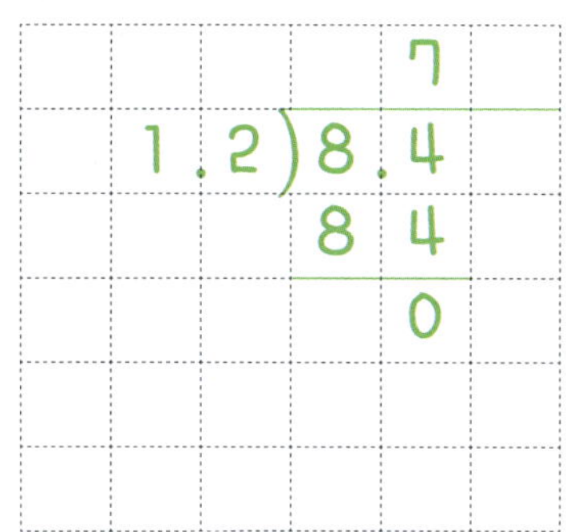

2 39.1 ÷ 2.3

3 7.44 ÷ 3.72

4 0.48 ÷ 0.6

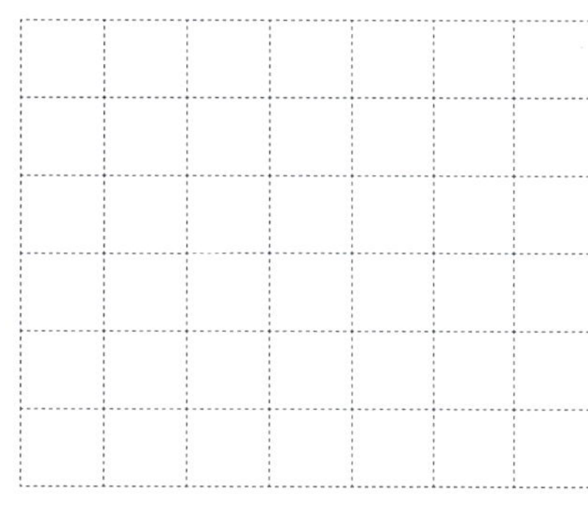

5 20.88 ÷ 8.7

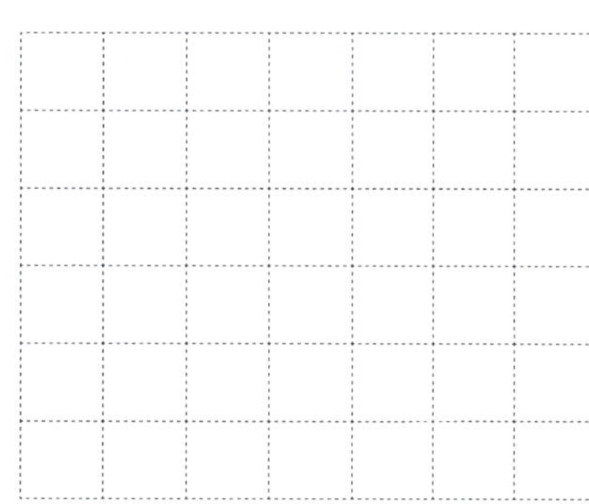

6 49.92 ÷ 31.2

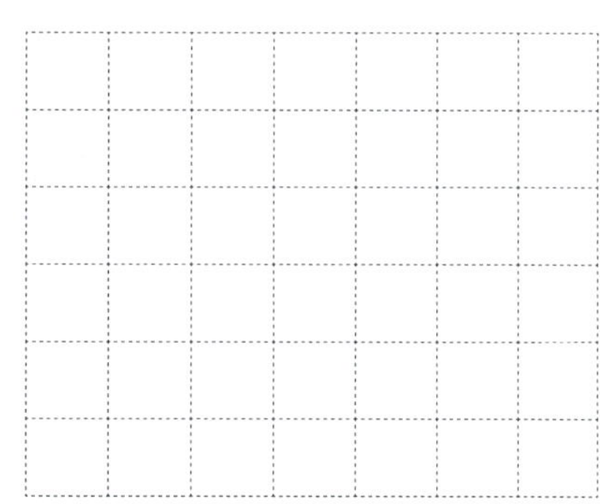

7 315 ÷ 4.2

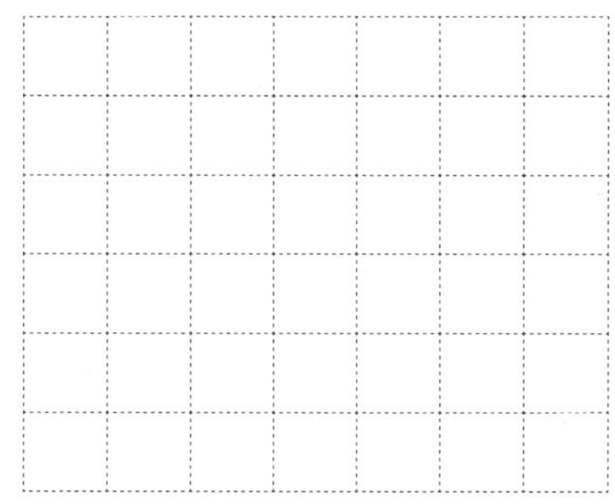

8 34 ÷ 6.8

9 72 ÷ 0.48

1 매실 주스 한 컵을 만드는 데 매실액 **16.8 mL**가 필요합니다. 매실액 **201.6 mL**로는 매실 주스 몇 컵을 만들 수 있을까요?

식

답 ______________

2 감자 **136 kg**을 한 상자에 **8.5 kg**씩 담으면 모두 몇 상자가 될까요?

식

답 ______________

3 길이가 **3 m**인 벽에 가로가 **0.25 m**인 그림을 겹치지 않고 옆으로 길게 이어 붙이려고 합니다. 그림을 몇 개까지 붙일 수 있나요?

식

답 ______________

4 예원이는 한 시간에 **3.3 km**씩 걸을 수 있다고 합니다. 예원이가 산책로 **8.25 km**를 같은 빠르기로 걷는다면 몇 시간이 걸릴까요?

식

답 ______________

5 밭에서 서준이는 감자를 **5.3 kg** 캤고, 수정이는 감자를 **13.78 kg** 캤습니다. 수정이가 캔 감자의 무게는 서준이가 캔 감자의 무게의 몇 배일까요?

식

답 ______________

1

26 ÷ 13 = 2
26 ÷ 1.3 = 20
26 ÷ 0.13 = 200

나누는 수가
0.1배,
0.01배가 되면

몫은
10배,
100배가 돼.

6

24 ÷ 0.4 = 60
2.4 ÷ 0.4 = 6
0.24 ÷ 0.4 = 0.6

나누어지는 수가
0.1배,
0.01배가 되면

몫도
0.1배,
0.01배가 돼.

나누는 수와 나누어지는 수의 규칙적인 변화에 따라 몫이 어떻게 바뀌는지도 살펴봐.

2

60 ÷ 5 =
60 ÷ 0.5 =
60 ÷ 0.05 =

7

72 ÷ 1.8 =
7.2 ÷ 1.8 =
0.72 ÷ 1.8 =

3

2.1 ÷ 3 =
2.1 ÷ 0.3 =
2.1 ÷ 0.03 =

8

2 ÷ 0.25 =
20 ÷ 0.25 =
200 ÷ 0.25 =

4

54.6 ÷ 42 =
54.6 ÷ 4.2 =
54.6 ÷ 0.42 =

9

3.5 ÷ 0.7 =
35 ÷ 0.7 =
350 ÷ 0.7 =

5

6.84 ÷ 36 =
6.84 ÷ 3.6 =
6.84 ÷ 0.36 =

10

0.54 ÷ 0.9 =
5.4 ÷ 0.9 =
54 ÷ 0.9 =

□ 안에 알맞은 수를 써넣으세요.

1
```
        8
0.4)3.□
    3 □
      0
```

2
```
         3
0.3 6)1.0 □
      1 0 □
          0
```

3
```
       □ 2
0.4 3)5.1 □
      4 3
        8 □
        □ □
            0
```

4
```
        3.□
5.□)1 9.9 8
    1 6 2
      3 7 8
      □ □ □
            0
```

5
```
       □.8
0.9)2.5 □
    1 8
      7 □
      □ □
          0
```

6
```
        4.3
3.2)1 3.7 □
    1 2 □
        9 □
        □ □
            0
```

DAY 18

몫을 반올림하기①

연산 up

몫을 반올림하여 주어진 자리까지 나타내어 보세요.

1

```
     1.7 1 4
  7)1 2
    7
    5 0
    4 9
      1 0
        7
      3 0
      2 8
        2
```

소수 첫째 자리까지: 1.7 (소수 둘째 자리에서 반올림하면 1.71⋯⋯ ➡ 1.7)

소수 둘째 자리까지: 1.71 (소수 셋째 자리에서 반올림하면 1.714⋯⋯ ➡ 1.71)

3

$0.3\overline{)2.3}$

소수 첫째 자리까지: ______

소수 둘째 자리까지: ______

반올림은 구하려는 자리 바로 아래 자리의 숫자가 0, 1, 2, 3, 4이면 버리고, 5, 6, 7, 8, 9이면 올려요.

2

$6\overline{)14}$

소수 첫째 자리까지: ______

소수 둘째 자리까지: ______

4

$2.7\overline{)4.68}$

소수 첫째 자리까지: ______ - 소수 둘째 자리에서 반올림해.

소수 둘째 자리까지: ______ - 소수 셋째 자리에서 반올림해.

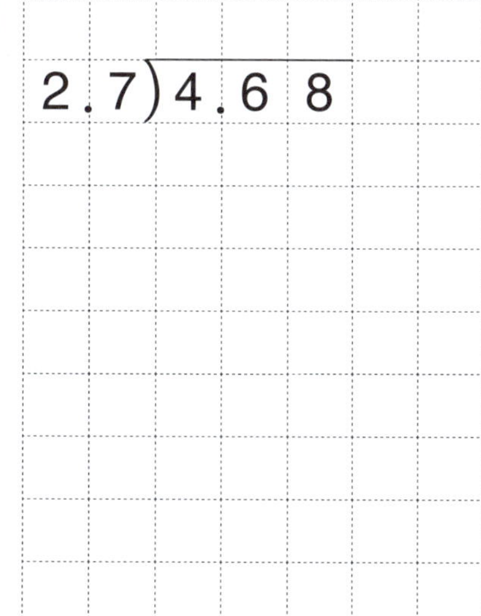

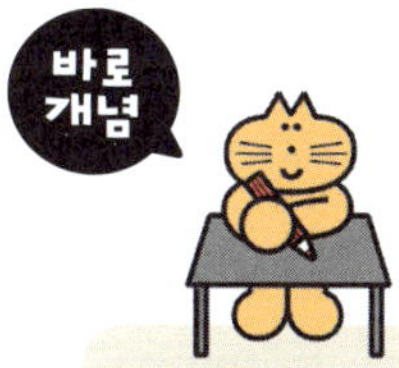

제주 올레길은 총 425 km로 26코스로 이루어져 있습니다. 그중 현욱이가 가고 싶은 코스를 다음과 같이 정리했습니다. 물음에 답하세요.

코스	4코스 (표선~남원)	5코스 (남원~쇠소깍)	6코스 (쇠소깍~서귀포)	9코스 (대평~화순)	10코스 (화순~모슬포)
길이	19 km	13.4 km	11 km	6.7 km	15.6 km

1 4코스의 길이는 6코스의 길이의 약 몇 배인지 반올림하여 소수 첫째 자리까지 나타내어 보세요.

답 약 ____________

2 10코스의 길이는 9코스의 길이의 약 몇 배인지 반올림하여 소수 둘째 자리까지 나타내어 보세요.

답 약 ____________

3 현욱이는 제주도 오름의 높이를 조사하였습니다. 새별오름 높이는 용눈이오름 높이의 약 몇 배인지 반올림하여 소수 첫째 자리까지 나타내어 보세요.

오름	용눈이오름	다랑쉬오름	거문오름	새별오름
높이	248 m	382 m	457 m	519 m

답 약 ____________

몫을 반올림하기②

몫을 반올림하여 주어진 자리까지 나타내어 보세요.

1

13)37.2

소수 첫째 자리까지: __________

소수 둘째 자리까지: __________

3

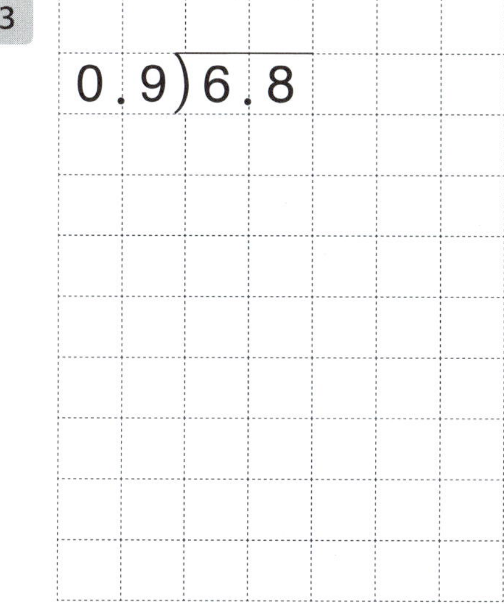

0.9)6.8

소수 첫째 자리까지: __________

소수 둘째 자리까지: __________

2

11)38

소수 첫째 자리까지: __________

소수 둘째 자리까지: __________

4

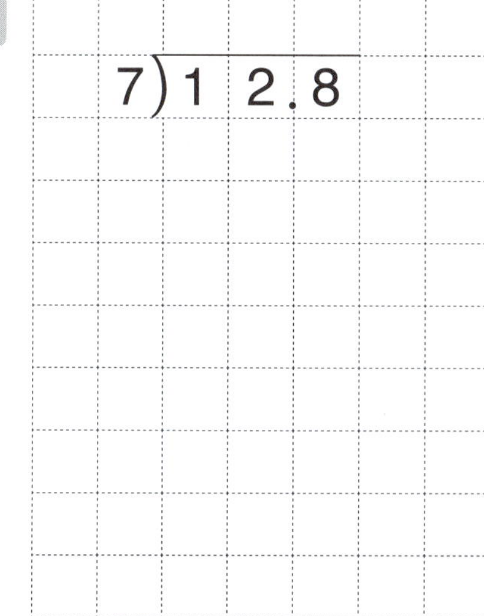

7)12.8

소수 첫째 자리까지: __________

소수 둘째 자리까지: __________

1 준영이는 자전거를 타고 **3**시간 동안 **70 km**를 달렸습니다. 자전거로 한 시간에 약 몇 **km**를 달린 셈인지 반올림하여 소수 둘째 자리까지 나타내어 보세요.

답 약 ___________________

2 번개가 친 지 **1**분 뒤에 번개가 친 곳에서 **21 km** 떨어진 곳에서 천둥소리를 들을 수 있다고 합니다. 번개가 친 곳에서 **50 km** 떨어진 곳은 번개가 친 지 약 몇 분 뒤에 천둥소리를 들을 수 있는지 반올림하여 소수 첫째 자리까지 나타내어 보세요.

답 약 ___________________

3 미국에서 사용하는 단위 **1**마일(mi)은 **1.61 km**를 나타냅니다. 어느 지역에서의 고속도로 제한 속도인 **80 km**는 약 몇 마일을 나타내는지 반올림하여 소수 첫째 자리까지 나타내어 보세요.

답 약 ___________________

몫과 남는 양 구하기①

몫을 자연수 부분까지 구하고 남는 수를 구해 보세요.

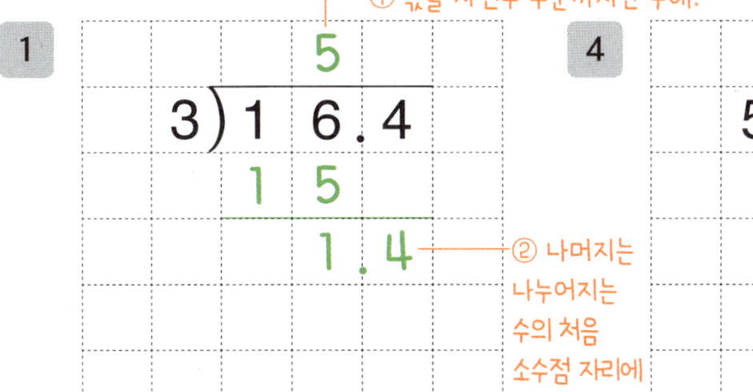

1

$$3) \overline{1\,6.4}$$

몫: 5

남는 수: 1.4

4

$$5) \overline{4\,8.3}$$

몫: ______

남는 수: ______

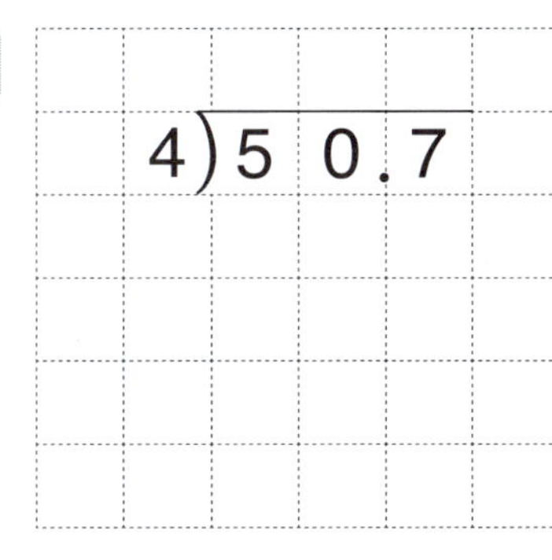

7

$$4) \overline{5\,0.7}$$

몫: ______

남는 수: ______

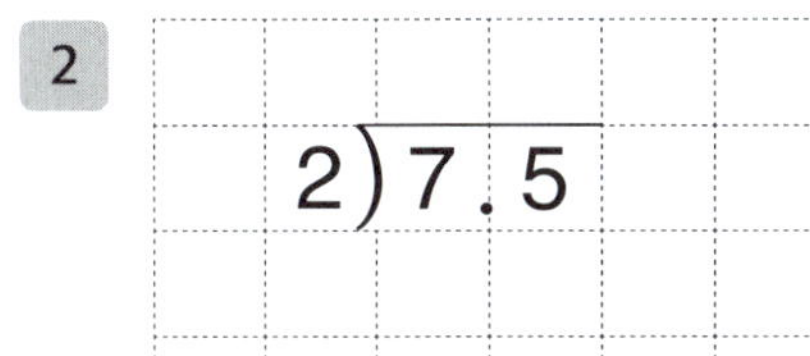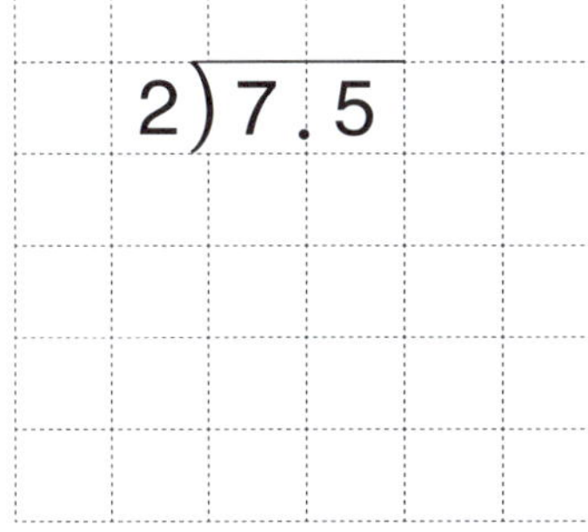

2

$$2) \overline{7.5}$$

몫: ______

남는 수: ______

5

$$7) \overline{6\,1.4}$$

몫: ______

남는 수: ______

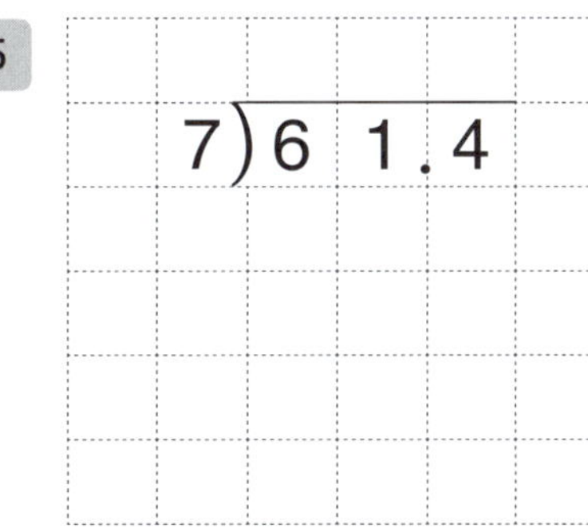

8

$$1\,1) \overline{3\,6.2}$$

몫: ______

남는 수: ______

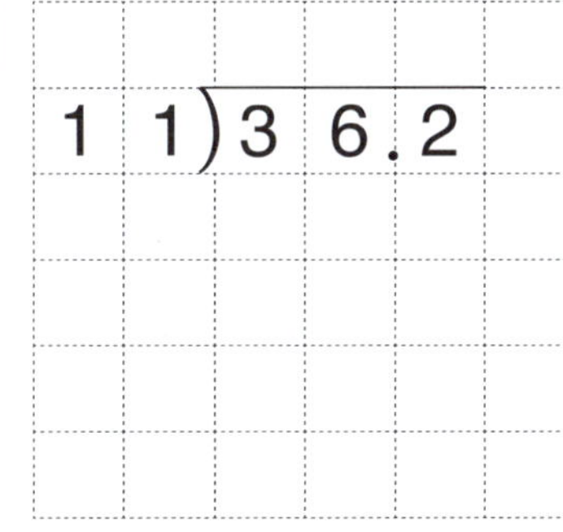

3

$$9) \overline{4\,2.8}$$

몫: ______

남는 수: ______

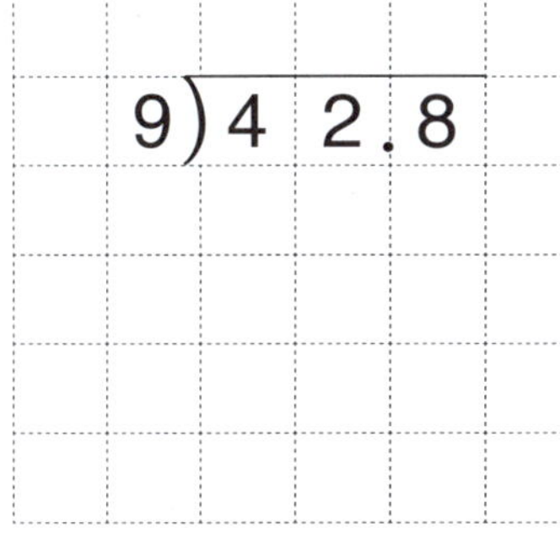

6

$$8) \overline{5\,9.2}$$

몫: ______

남는 수: ______

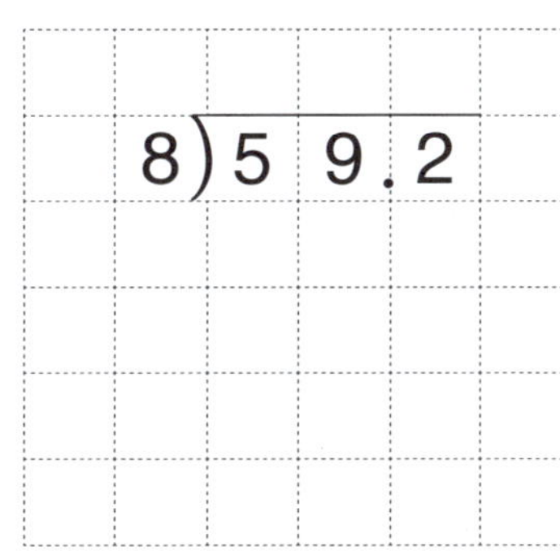

9

$$9) \overline{2\,1\,4.4}$$

몫: ______

남는 수: ______

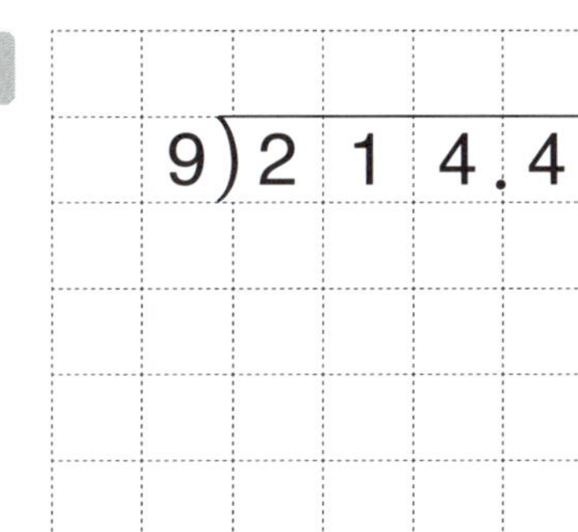

1 42.5 kg의 쌀을 한 봉지에 5 kg씩 나누어 담으려고 합니다. 몇 봉지까지 담을 수 있고, 남는 쌀은 몇 kg일까요?

→ 몫을 자연수 부분까지만 구해.

답 ____________ , ____________

2 리본 77.8 m를 2 m씩 자르려고 합니다. 2 m짜리 도막은 몇 도막이 되고, 남는 리본은 몇 m일까요?

답 ____________ , ____________

3 밀가루 19.3 kg을 한 사람당 4 kg씩 나누어 주려고 합니다. 몇 명까지 나누어 줄 수 있고, 남는 밀가루는 몇 kg일까요?

답 ____________ , ____________

4 꿀 36.8 kg을 채취하여 한 병에 3 kg씩 담으려고 합니다. 몇 병까지 담을 수 있고, 남는 꿀은 몇 kg일까요?

답 ____________ , ____________

5 공장에서 플라스틱 원료 8 g으로 장난감 한 개를 만든다고 합니다. 원료 576.3 g으로는 장난감을 몇 개까지 만들 수 있고, 남는 원료는 몇 g일까요?

답 ____________ , ____________

몫과 남는 양 구하기②

몫을 자연수 부분까지 구하고 남는 수를 구해 보세요.

1

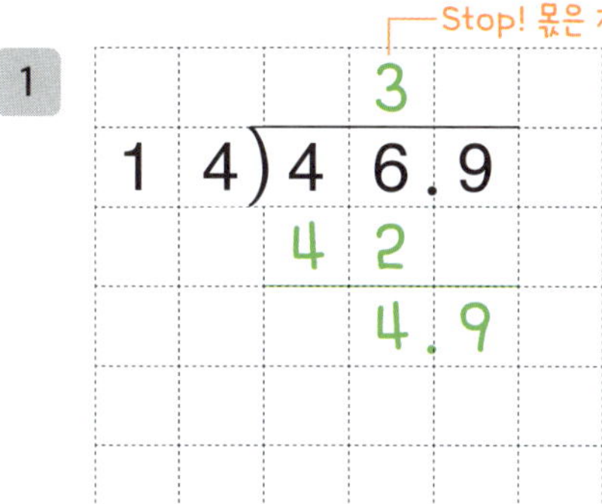

Stop! 몫은 자연수 부분까지만

$$14\overline{)46.9}$$

몫: 3

남는 수: 4.9

4

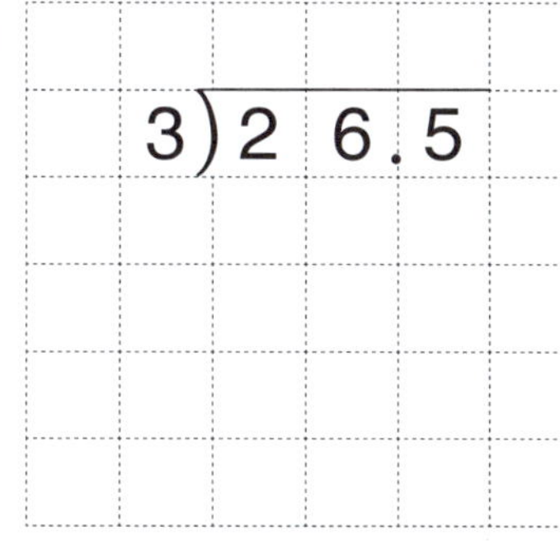

$$3\overline{)26.5}$$

몫: ________

남는 수: ________

7

$$12\overline{)452.6}$$

몫: ________

남는 수: ________

2

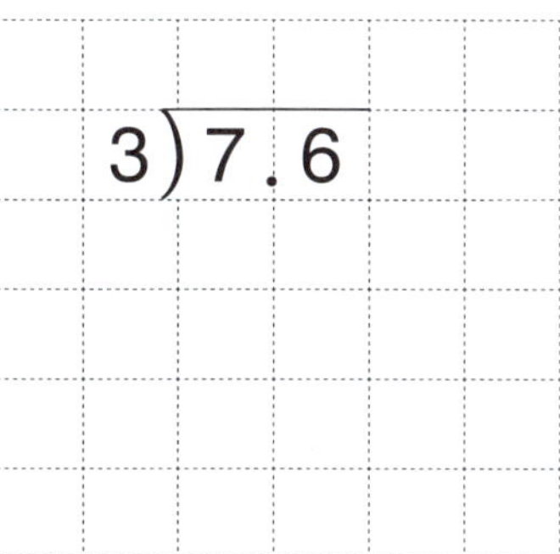

$$3\overline{)7.6}$$

몫: ________

남는 수: ________

5

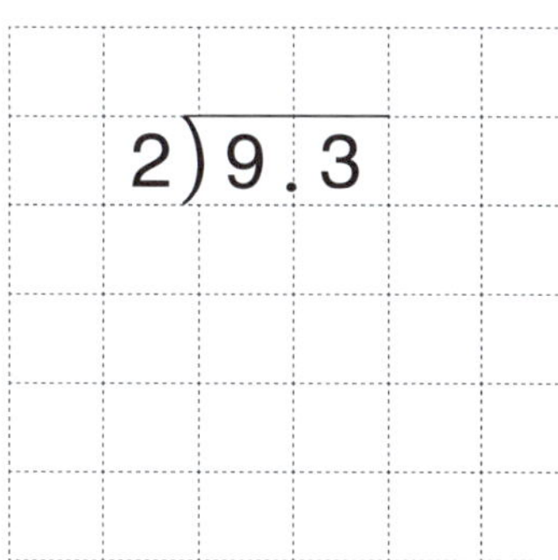

$$2\overline{)9.3}$$

몫: ________

남는 수: ________

8

$$7\overline{)129.3}$$

몫: ________

남는 수: ________

3

$$2\overline{)11.4}$$

몫: ________

남는 수: ________

6

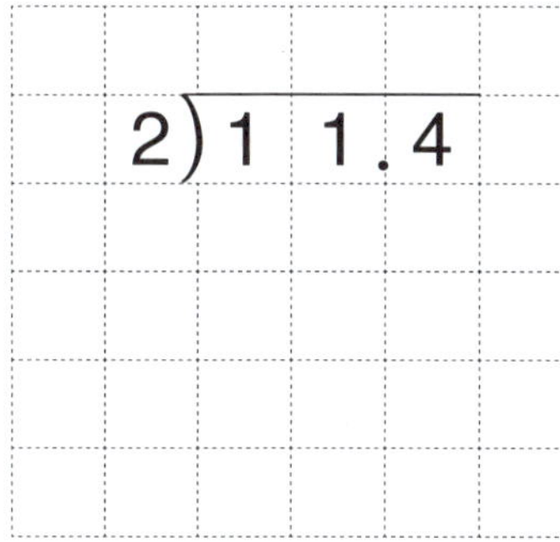

$$16\overline{)219.4}$$

몫: ________

남는 수: ________

9

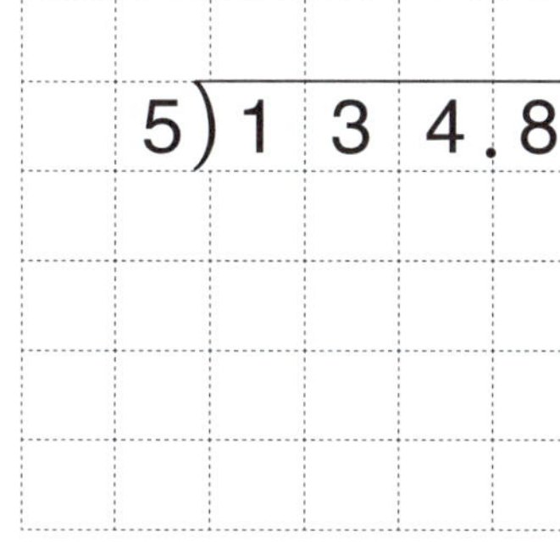

$$5\overline{)134.8}$$

몫: ________

남는 수: ________

1 825.7 kg까지 실을 수 있는 엘리베이터가 있습니다. 이 엘리베이터에 무게가 30 kg인 짐을 몇 개까지 실을 수 있을까요?

답 ____________

2 송아네 과수원에서 올해 포도를 378.4 kg 수확하였습니다. 포도를 15 kg씩 한 상자에 담아 판매하려고 합니다. 판매할 수 있는 포도는 모두 몇 상자일까요?

답 ____________

3 농장에서 수확한 배추 8 t을 운반하려고 합니다. 배추를 모두 운반하려면 1.5 t까지 실을 수 있는 트럭으로 최소 몇 번을 운반해야 할까요?

답 ____________

4 소금 142.8 kg을 3 kg씩 봉지에 담아 팔려고 합니다. 소금을 남김없이 모두 봉지에 담아 팔려면 적어도 소금이 몇 kg 더 필요할까요?

답 ____________

마무리 확인

1 계산해 보세요.

(1)

$$0.7\overline{)2.8}$$

(2)

$$0.5\overline{)0.6\ 5}$$

(3)

$$1.2\ 8\overline{)3\ 2}$$

2 몫을 반올림하여 주어진 자리까지 나타내어 보세요.

(1)

$$35.2 \div 6$$

소수 첫째 자리까지

(　　　　　)

(2)

$$4.6 \div 1.5$$

소수 둘째 자리까지

(　　　　　)

(3)

$$25 \div 9$$

일의 자리까지

(　　　　　)

3 몫을 자연수 부분까지 구하고 남는 수를 구해 보세요.

(1)

$$23.6 \div 7$$

몫 (　　　　　)

남는 수 (　　　　　)

(2)

$$63.3 \div 8$$

몫 (　　　　　)

남는 수 (　　　　　)

(3)

$$145.2 \div 13$$

몫 (　　　　　)

남는 수 (　　　　　)

4 물 67.2 L를 항아리에 2.4 L씩 모두 담으려고 합니다. 항아리는 몇 개 필요할까요?

(   )

5 굵기가 일정한 통나무 3.6 m의 무게가 15.12 kg입니다. 이 통나무 1 m의 무게는 몇 kg일까요?

(   )

6 학교에서 도서관까지의 거리는 학교에서 놀이터까지의 거리의 약 몇 배인지 반올림하여 소수 첫째 자리까지 나타내어 보세요.

└▶ 소수 둘째 자리에서 반올림해.

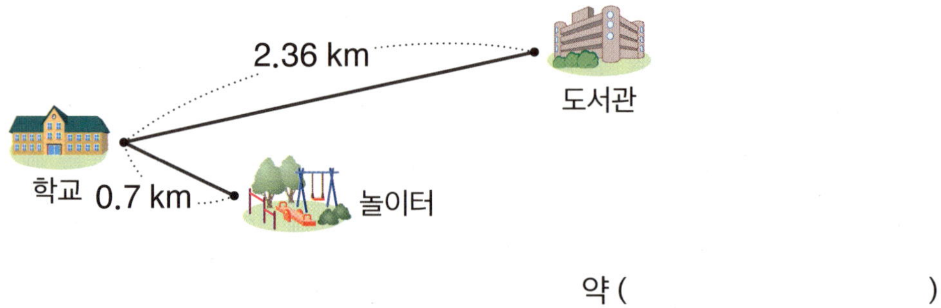

약 (   )

7 미술 작품을 만들기 위해 철사 148.9 m를 2 m씩 자르려고 합니다. 2 m짜리 도막은 몇 도막이 되고, 남는 철사는 몇 m일까요?

(   ), (   )

03

공간과 입체

· 학습기록표 ·

학습 일차	학습 내용	날짜	맞은 개수	
			연산	응용
DAY 23	**쌓기나무 ①** 위에서 본 모양	/	/8	/4
DAY 24	**쌓기나무 ②** 위, 앞, 옆에서 본 모양	/	/4	/5
DAY 25	**쌓기나무 ③** 층별로 쌓은 모양	/	/4	/4
DAY 26	**쌓기나무 ④**	/	/8	/7
DAY 27	**마무리 확인**	/		/9

3. 공간과 입체

▶ 위, 앞, 옆에서 본 모양

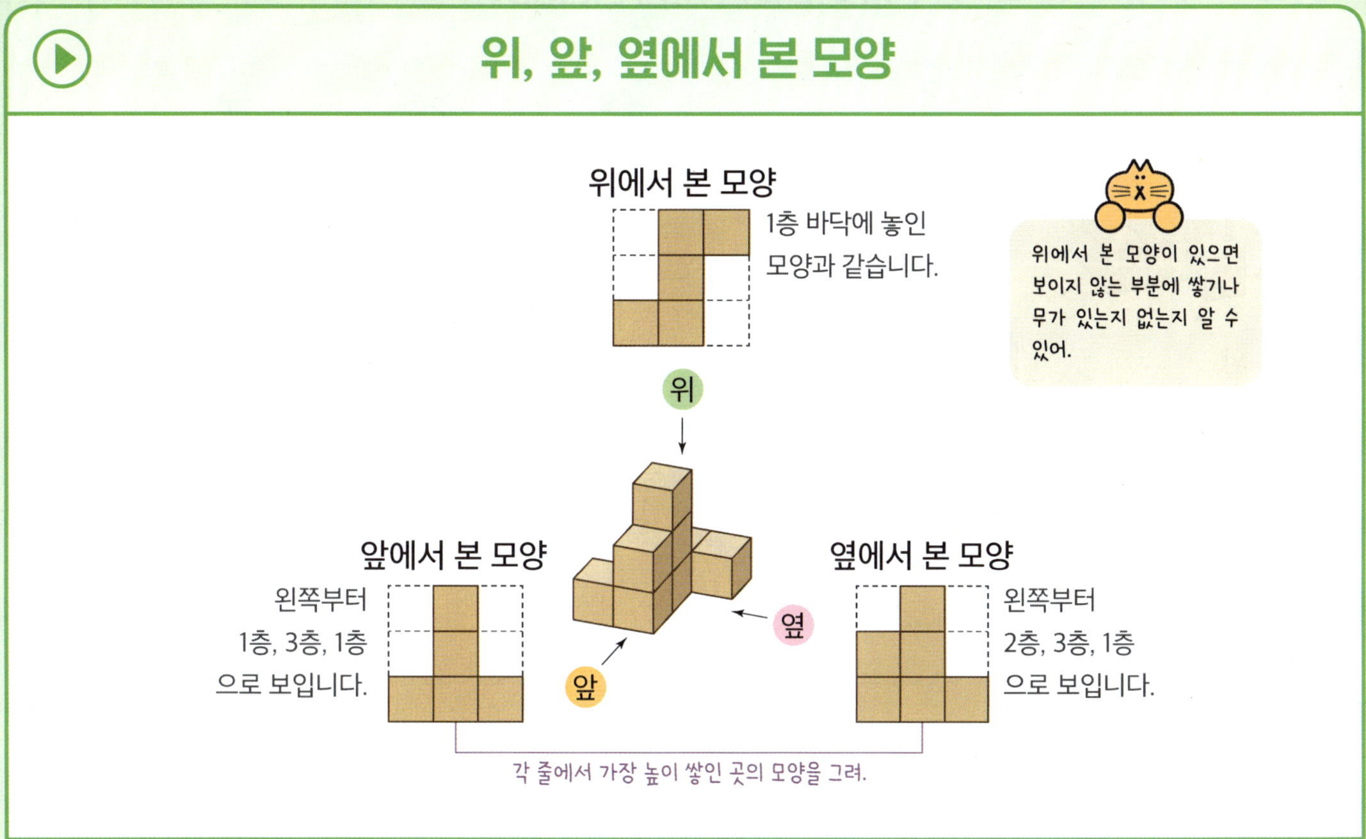

▶ 쌓은 모양과 쌓기나무의 개수①

| 위에서 본 모양에 수를 써서 나타내기 |

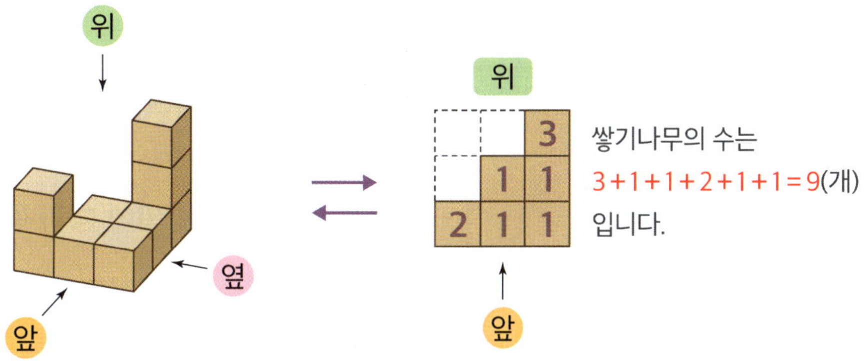

위에서 본 모양의 각 자리에 쌓인 쌓기나무의 수를 세어 위에서 본 모양에 수를 씁니다.

쌓은 모양과 쌓기나무의 개수②

| 층별로 쌓은 모양 나타내기 |

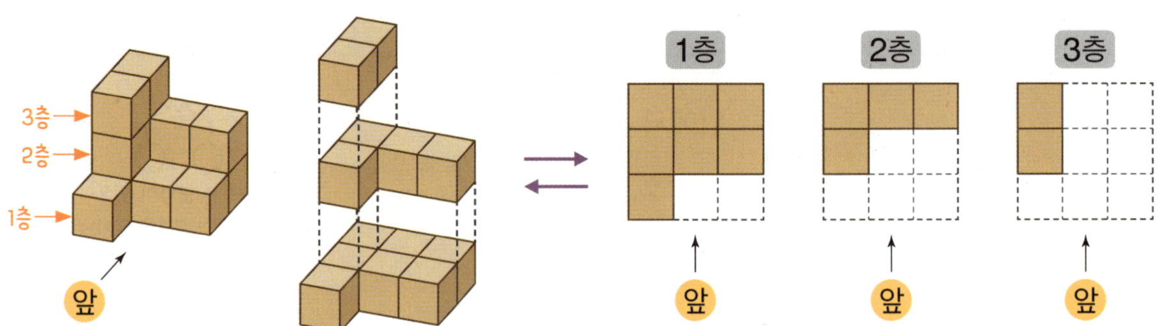

위에서 본 모양에서 같은 칸에 쌓인 쌓기나무는 같은 위치에 나타냅니다.

쌓기나무의 개수는 1층에 7개, 2층에 4개, 3층에 2개이므로
$7+4+2=13$(개)입니다.

쌓은 모양과 쌓기나무의 개수③

| 위, 앞, 옆에서 본 모양을 보고 쌓기나무의 개수 구하기 |

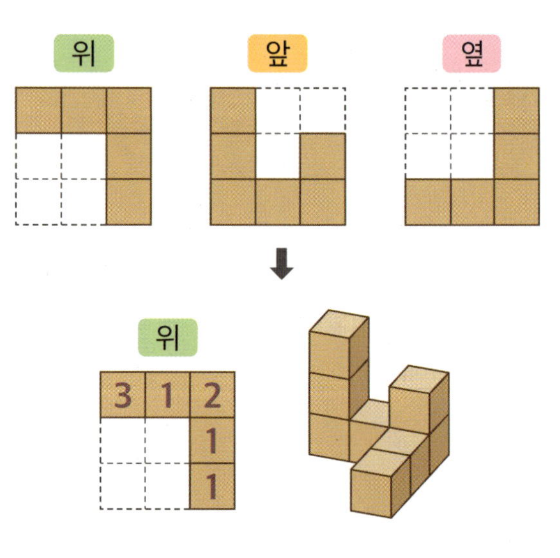

쌓기나무의 개수는 $3+1+2+1+1=8$(개)입니다.

① 위에서 본 모양 위에 확실히 알 수 있는 칸의 쌓기나무 수를 적습니다.

② 앞에서 본 모양에 의해 ㉠ 자리는 3, ㉡ 자리는 1입니다.

③ 옆에서 본 모양에 의해 ㉣과 ㉤ 자리는 1입니다.

④ 앞과 옆에서 본 모양에 의해 ㉢ 자리는 2입니다.

DAY 23

쌓기나무 ① 위에서 본 모양

연산 up

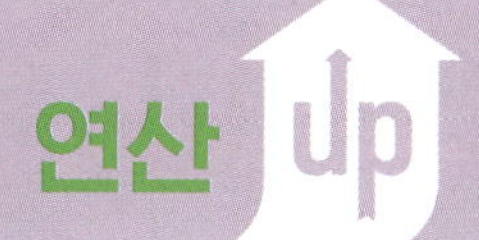

쌓기나무로 쌓은 모양입니다. 위에서 본 모양에 수를 쓰고, 똑같은 모양으로 쌓는 데 필요한 쌓기나무의 개수를 구해 보세요.

1

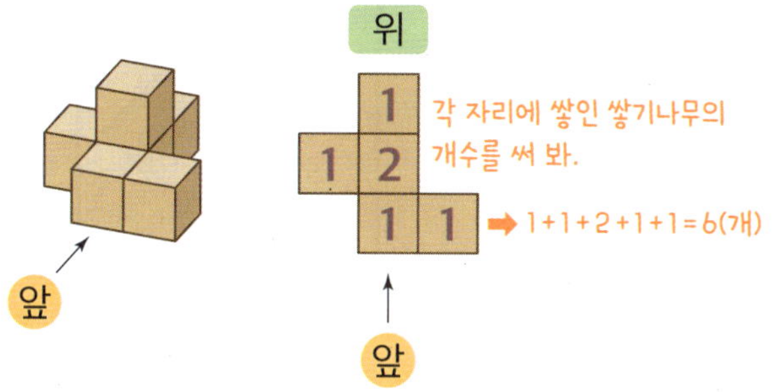

6개

5

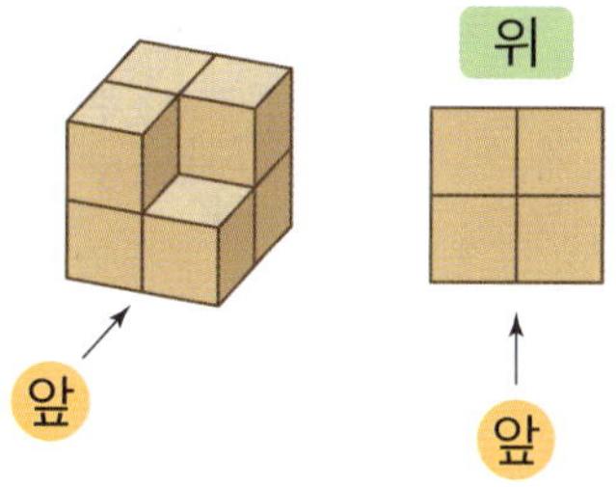

2

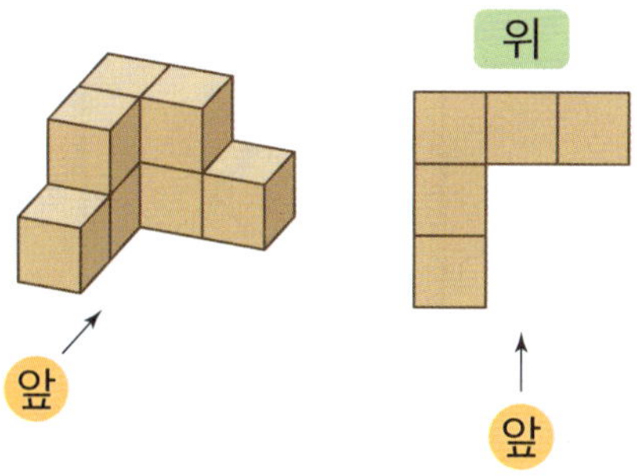

6

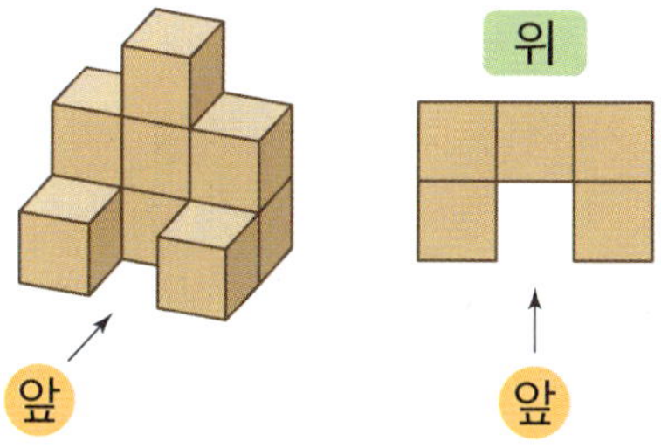

3

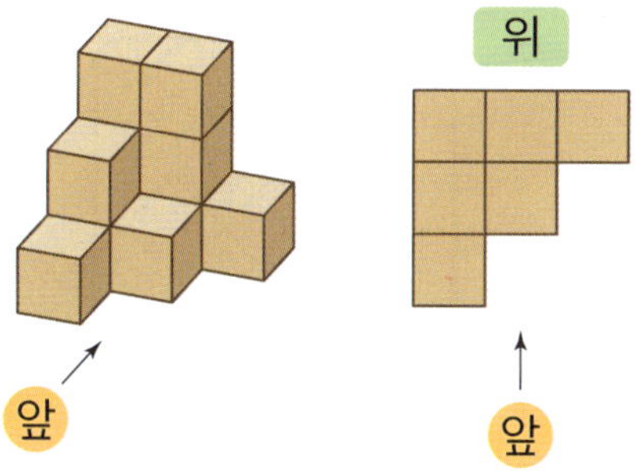

7

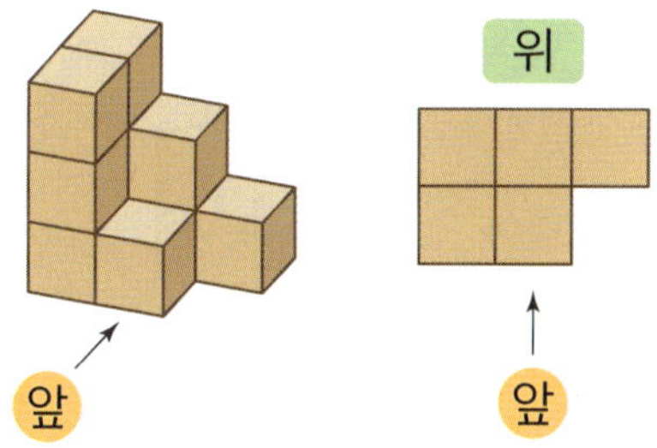

4

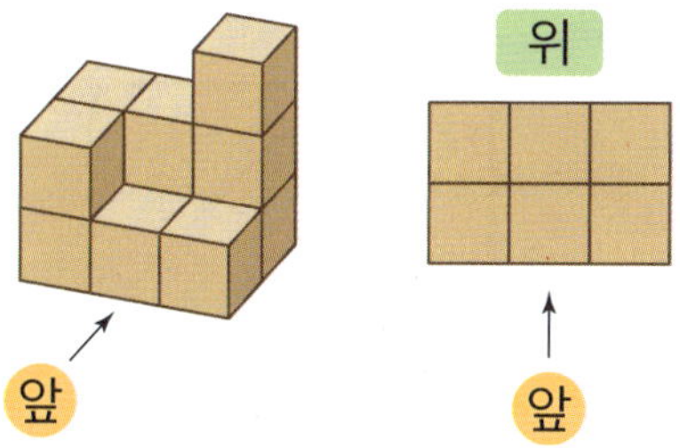

8

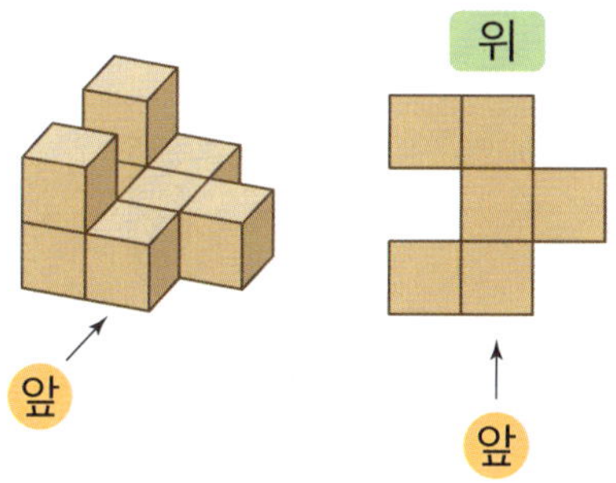

응용 UP 쌀기나무①

DAY 23

쌓기나무로 쌓은 모양을 위에서 내려다 보았을 때 오른쪽 모양이 절대로 나올 수 없는 것을 찾아 ○표 하세요.

1

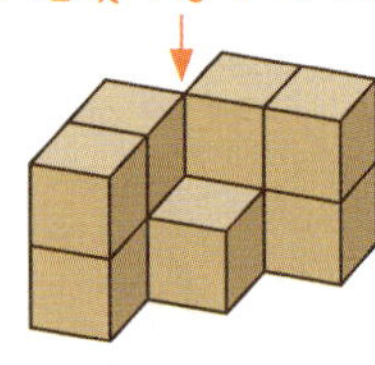   

(   )   (   )   (   )

위에서 본 모양

2

(   )   (   )   (   )

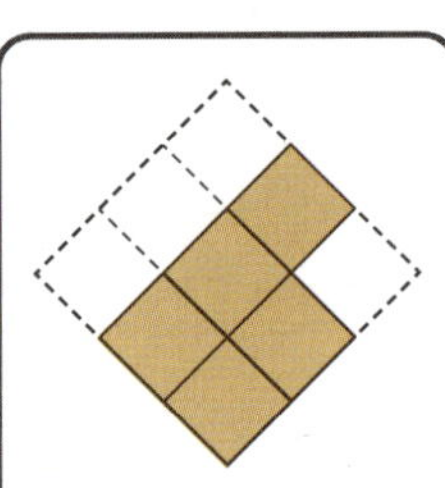

위에서 본 모양

3

(   )   (   )   (   )

위에서 본 모양

4

(   )   (   )   (   )

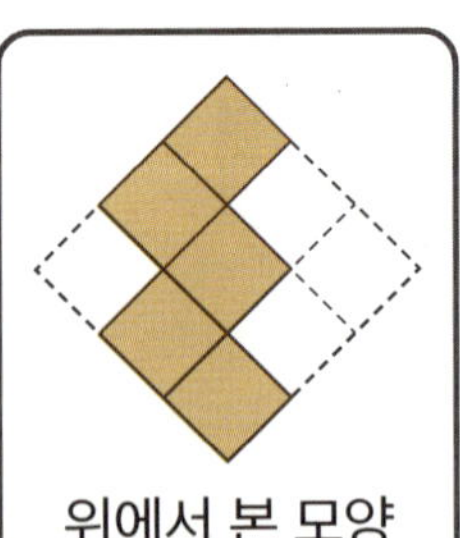

위에서 본 모양

쌓기나무 ② 위, 앞, 옆에서 본 모양

쌓기나무로 쌓은 모양과 위에서 본 모양입니다. 앞과 옆에서 본 모양을 각각 그려 보세요.

1 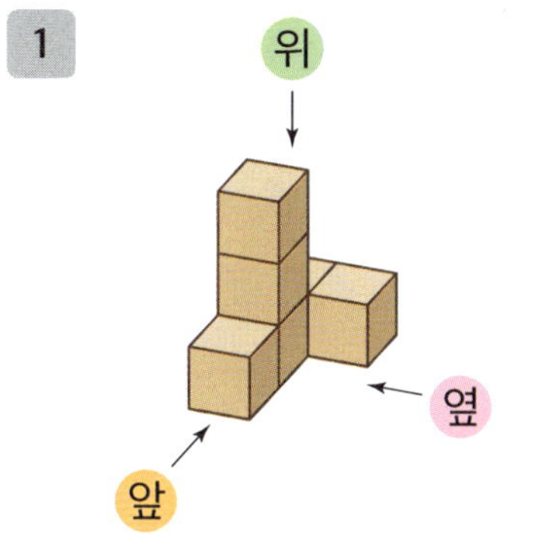

위 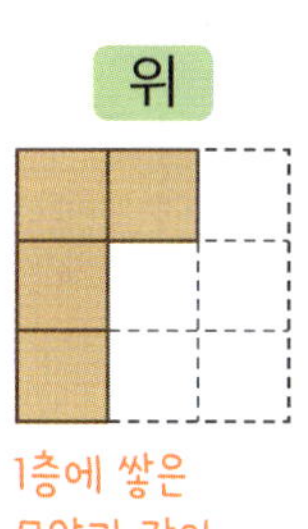

앞 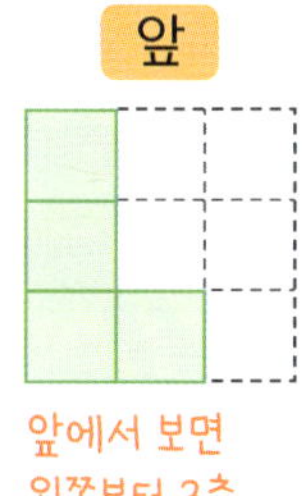

옆 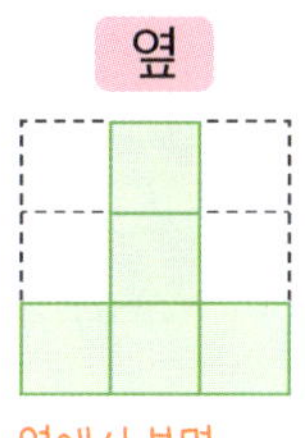

1층에 쌓은
모양과 같아.

앞에서 보면
왼쪽부터 3층,
1층이야.

옆에서 보면
왼쪽부터 1층,
3층, 1층이야.

2 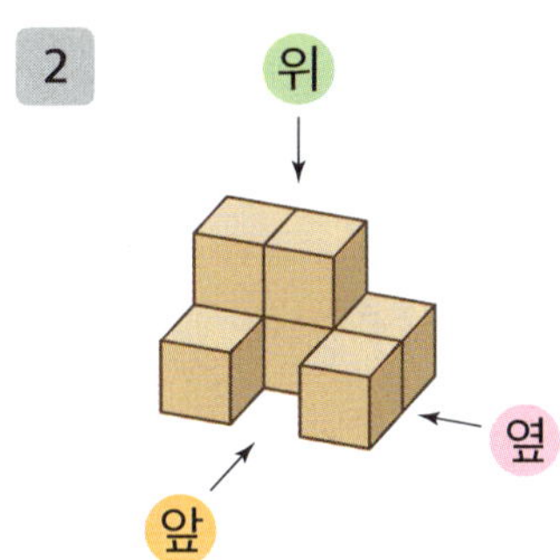

위 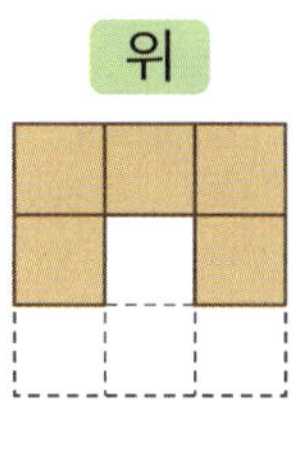

앞 

옆 

3 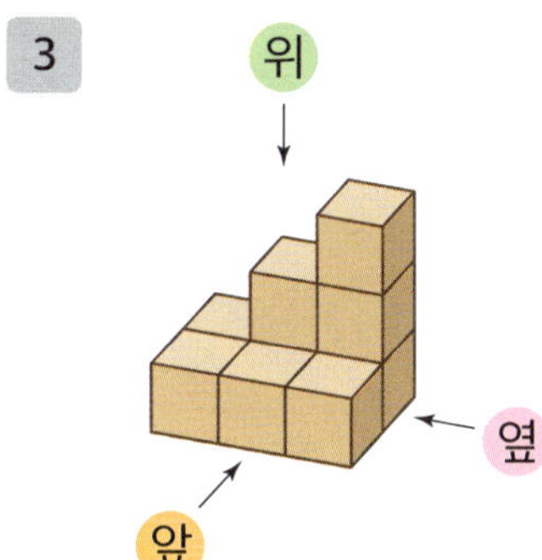

위 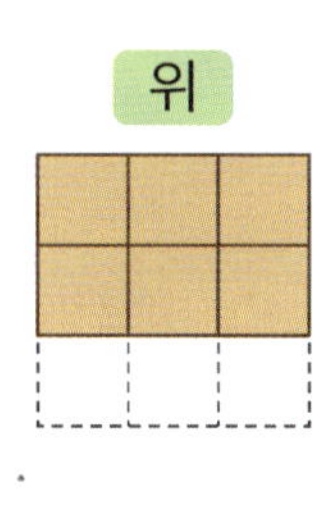

앞 

옆 

4 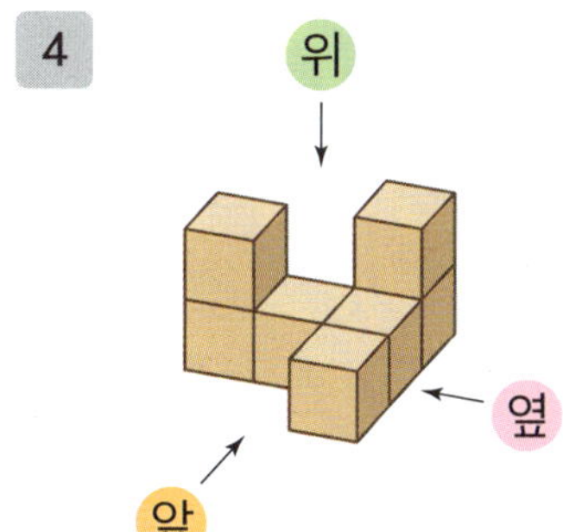

위 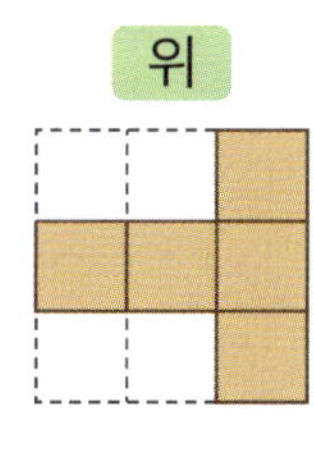

앞 

옆 

응용 UP 쌓기나무 ②

쌓기나무로 쌓은 모양을 위, 앞, 옆에서 본 모양입니다. 어떤 모양을 본 것인지 찾아 기호를 써 보세요.

가 ← 옆 / 앞

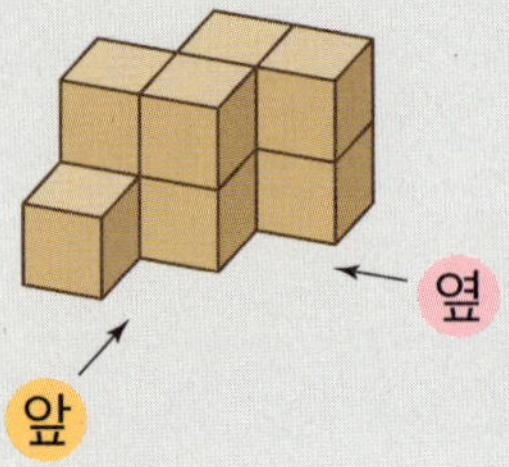

나 ← 옆 / 앞

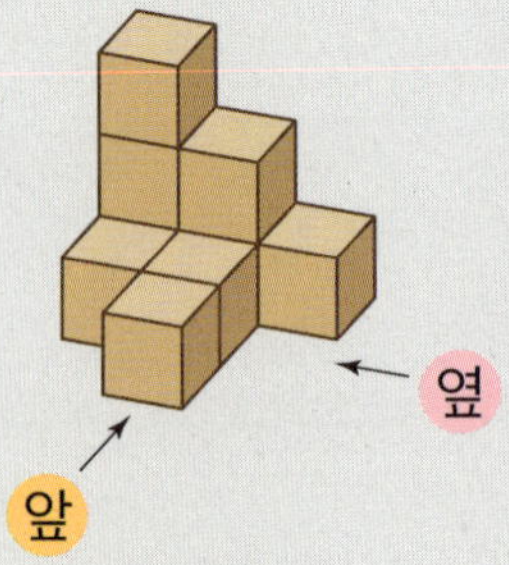

다 ← 옆 / 앞

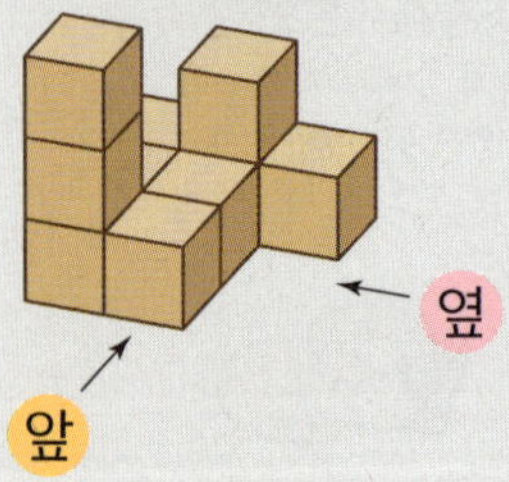

라 ← 옆 / 앞

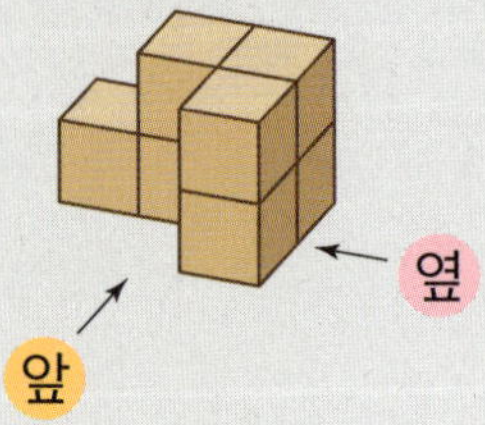

마 ← 옆 / 앞

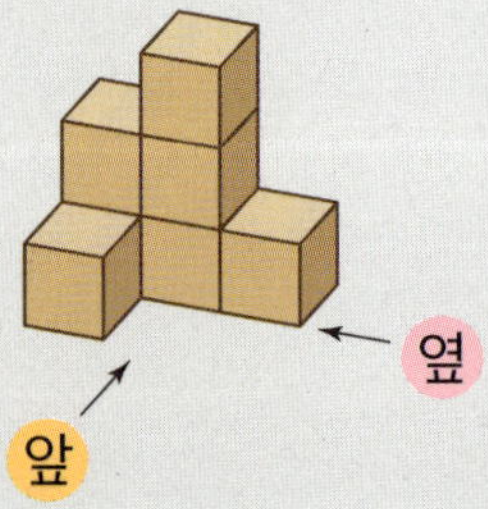

1 위 앞 옆

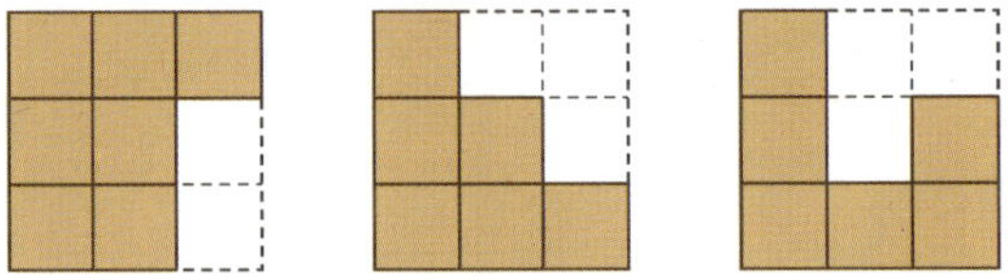

답 __________

2 위 앞 옆

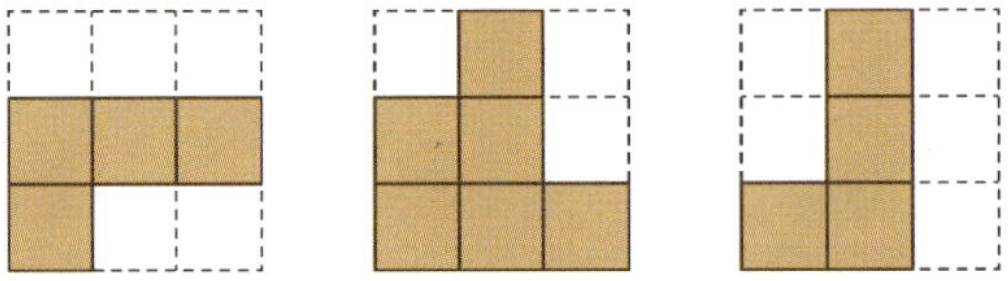

답 __________

3 위 앞 옆

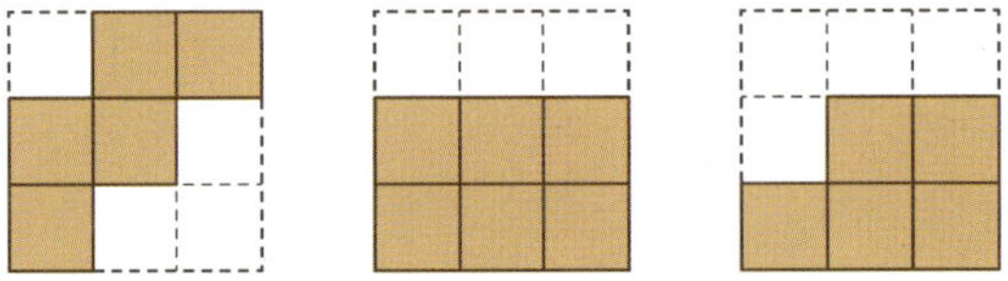

답 __________

4 위 앞 옆

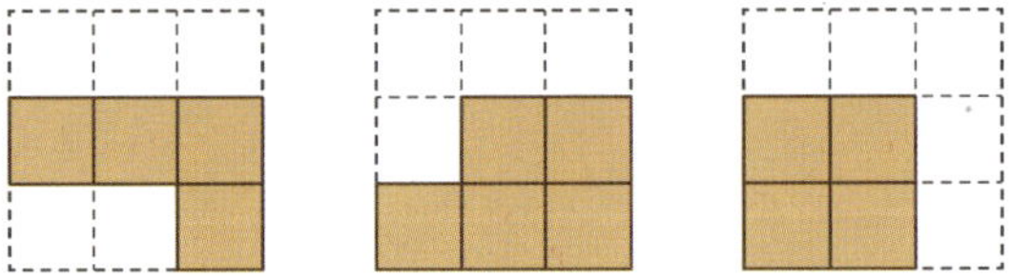

답 __________

5 위 앞 옆

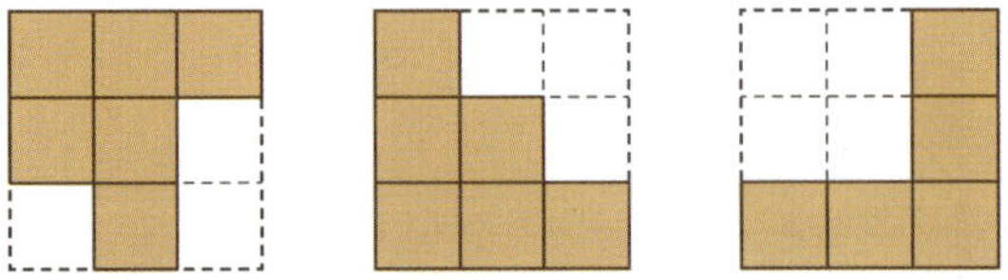

답 __________

25 DAY 쌓기나무③ 층별로 쌓은 모양

쌓기나무로 쌓은 모양과 **1층** 모양을 보고 **2층**과 **3층** 모양을 각각 그려 보세요.

1

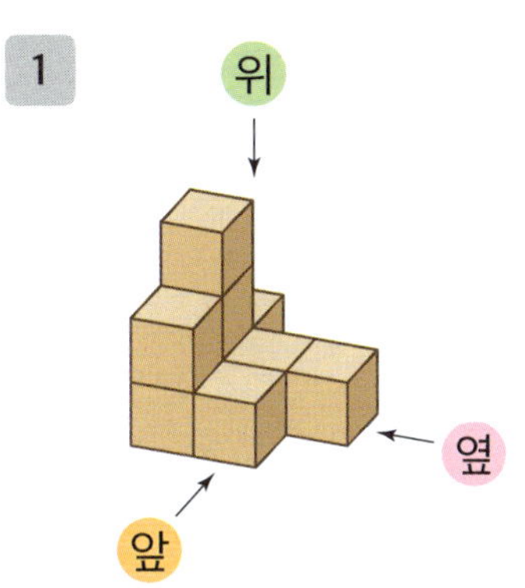

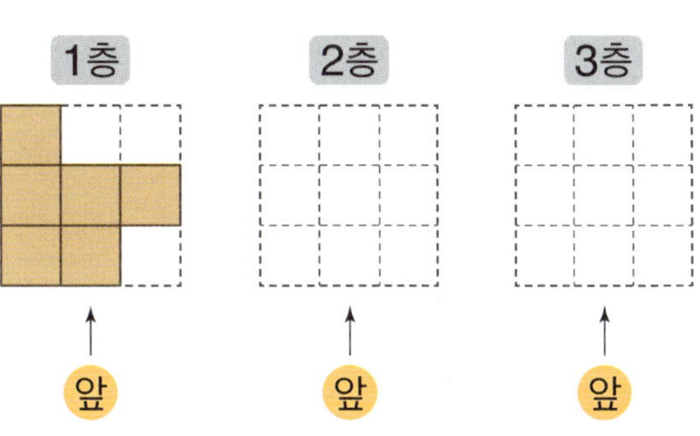

1층 2층 3층

앞 앞 앞

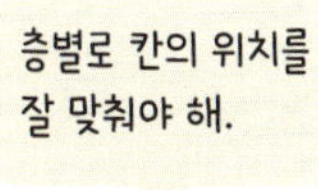

2

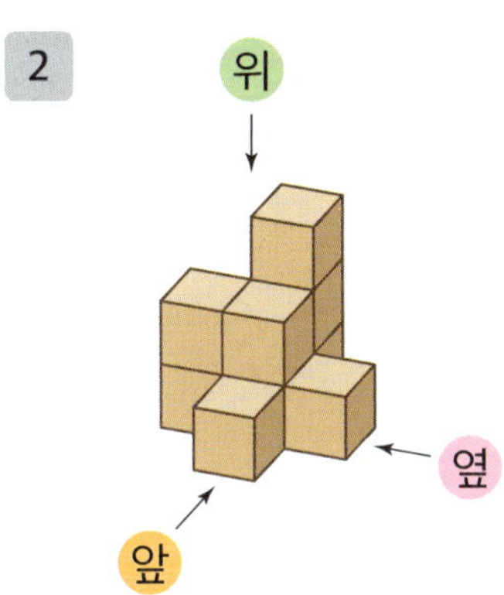

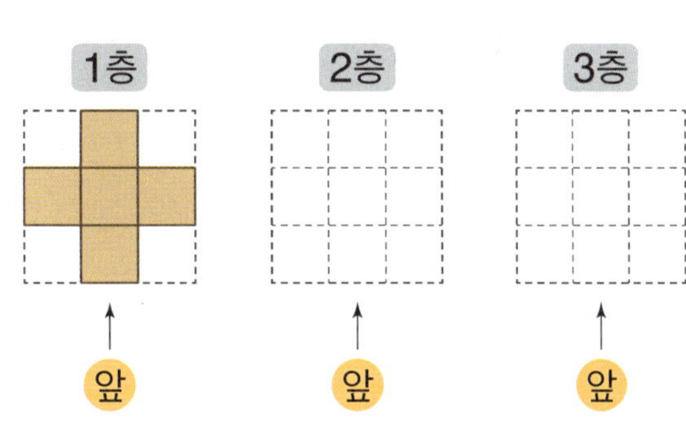

1층 2층 3층

앞 앞 앞

3

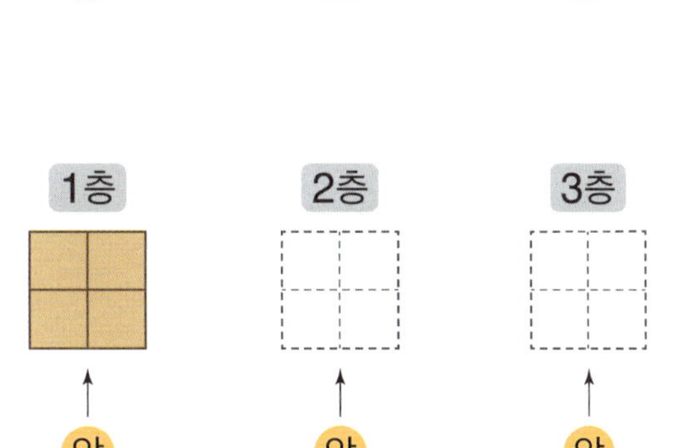

1층 2층 3층

앞 앞 앞

4

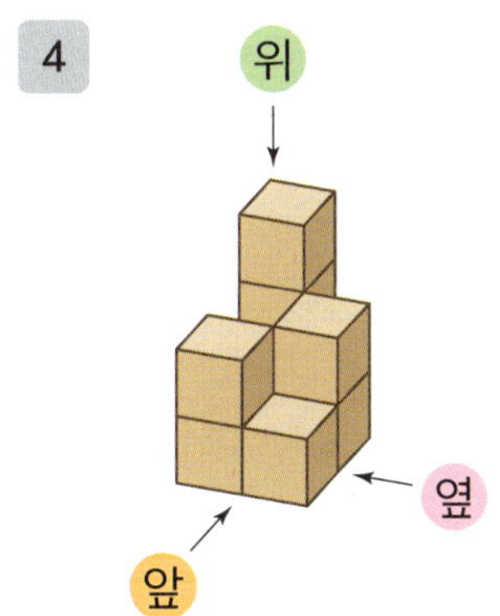

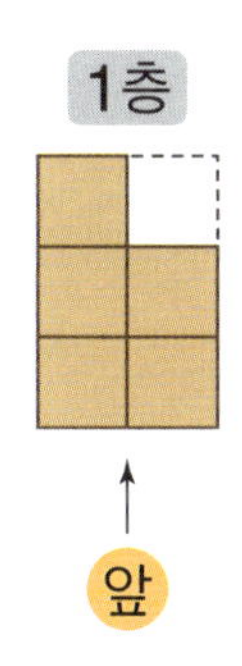

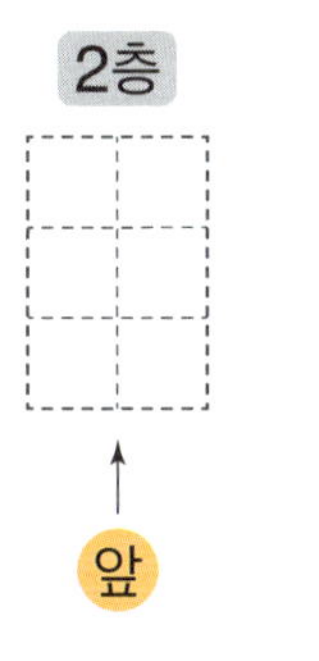

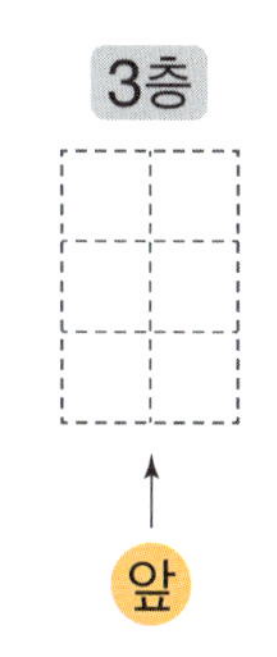

1층 2층 3층

앞 앞 앞

응용 UP 쌓기나무③

쌓기나무로 쌓은 모양을 층별로 나타낸 모양입니다. 위에서 본 모양에 수를 쓰는 방법으로 나타내고, 똑같은 모양으로 쌓는 데 필요한 쌓기나무의 개수를 구해 보세요.

---

1 

1층	2층	3층	위
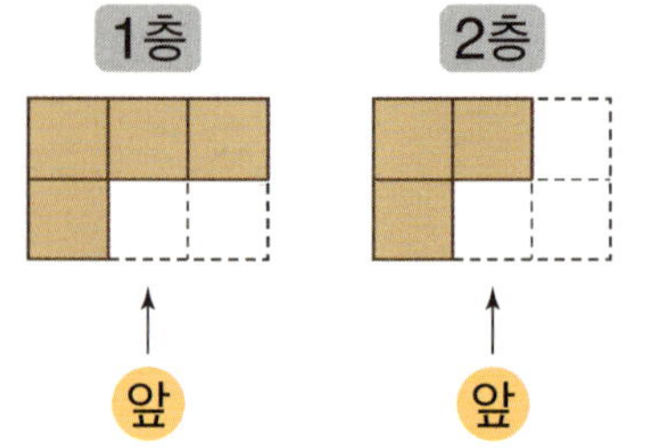	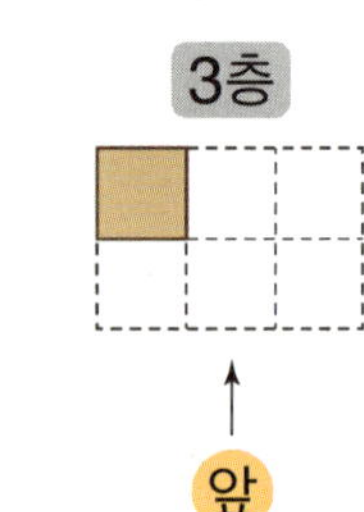	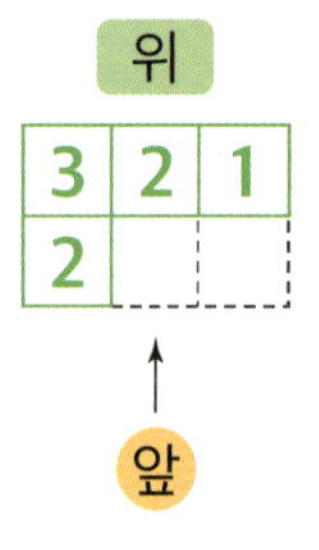	

앞　　앞　　앞　　앞

1층에 4개
2층에 3개
3층에 1개
➡ 쌓기나무의 개수는?

답 ______________

---

2 

1층	2층	3층	위
	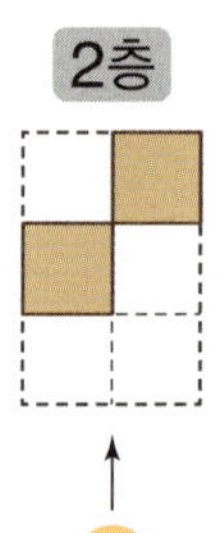	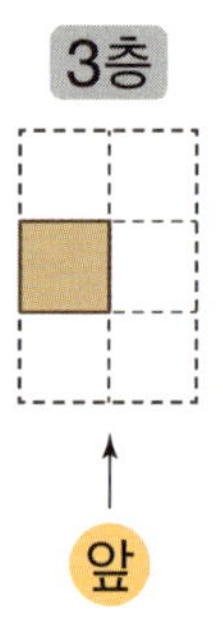	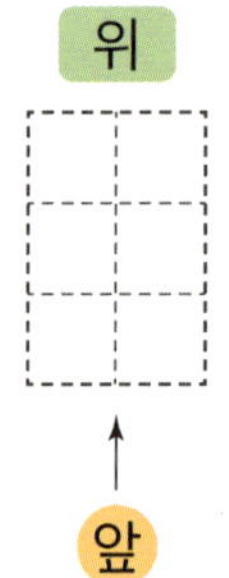

앞　　앞　　앞　　앞

답 ______________

3

1층	2층	3층	위
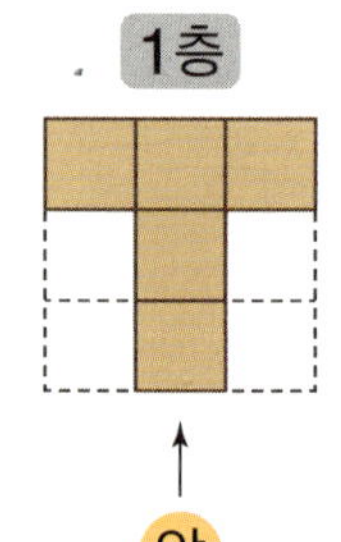	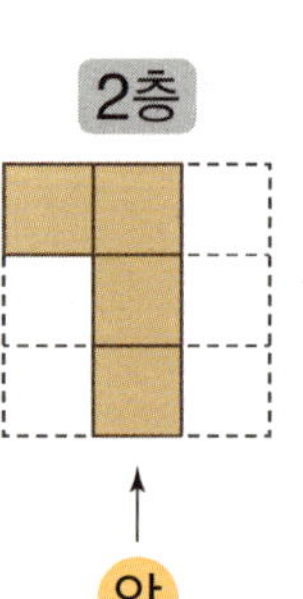	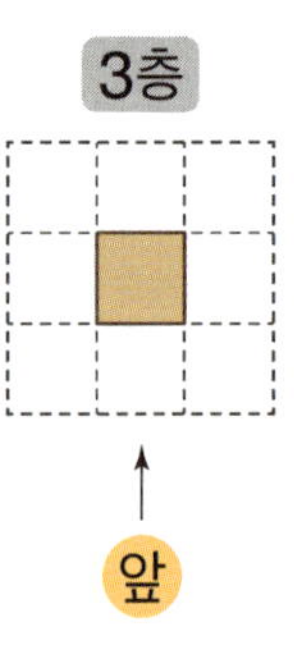	

앞　　앞　　앞　　앞

답 ______________

4

1층	2층	3층	위
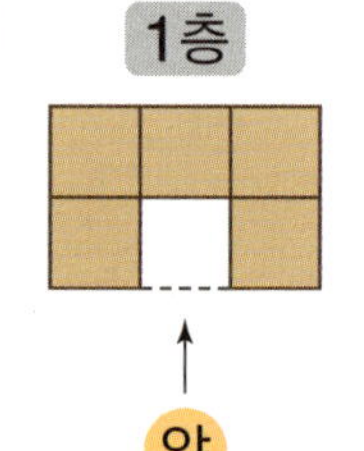	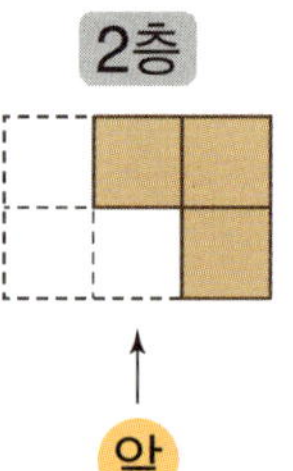	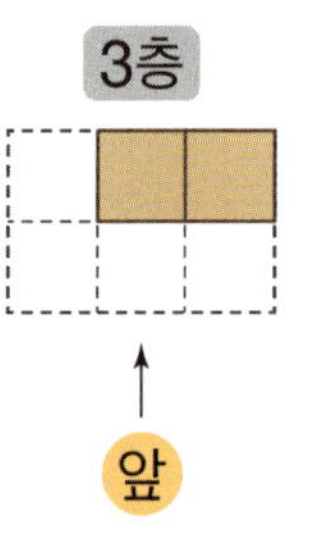	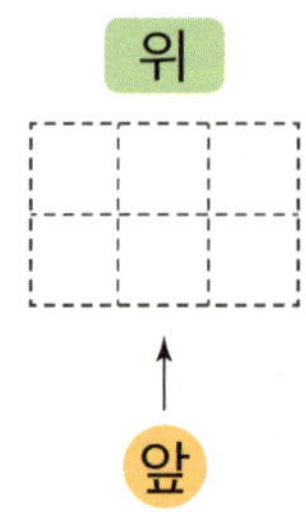

앞　　앞　　앞　　앞

답 ______________

쌓기나무④

쌓기나무로 쌓은 모양을 보고 위에서 본 모양에 수를 썼습니다. 앞과 옆에서 본 모양을 각각 그려 보세요.

1

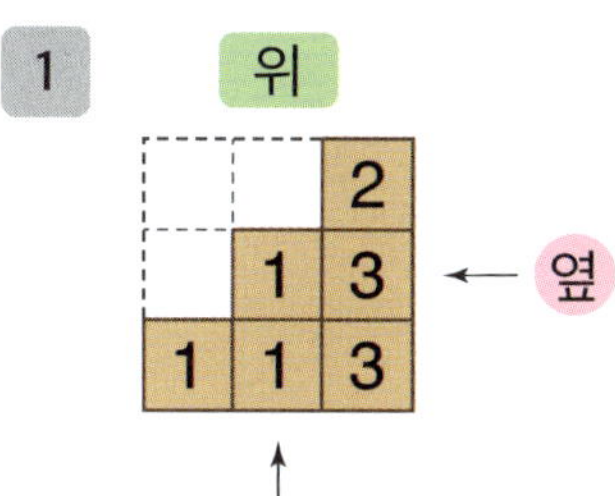

위 / 옆 / 앞

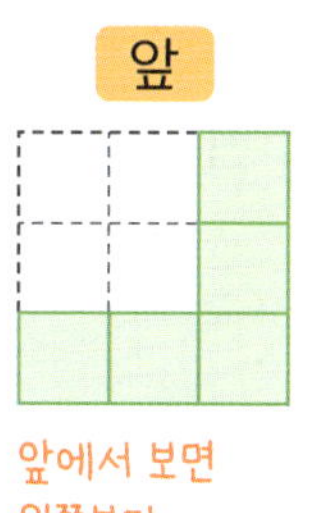

앞

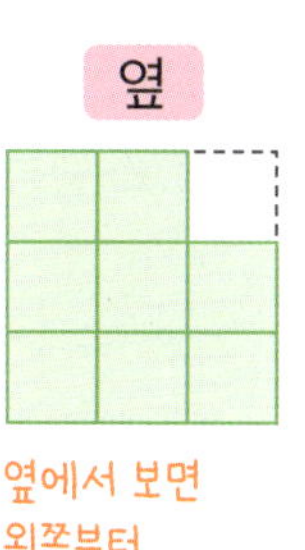

옆

앞에서 보면
왼쪽부터
1층, 1층, 3층

옆에서 보면
왼쪽부터
3층, 3층, 2층

5

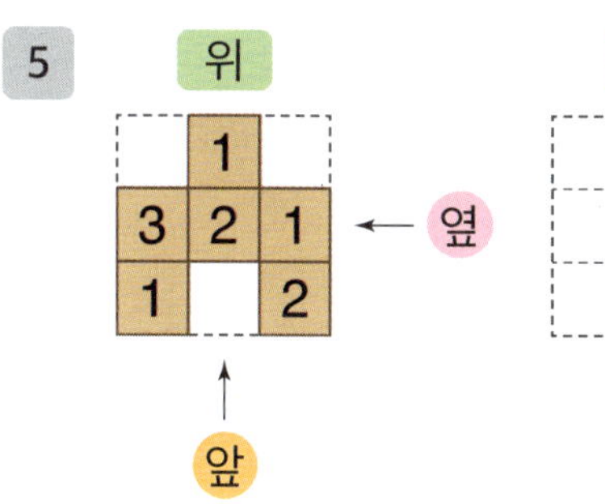

위 / 옆 / 앞

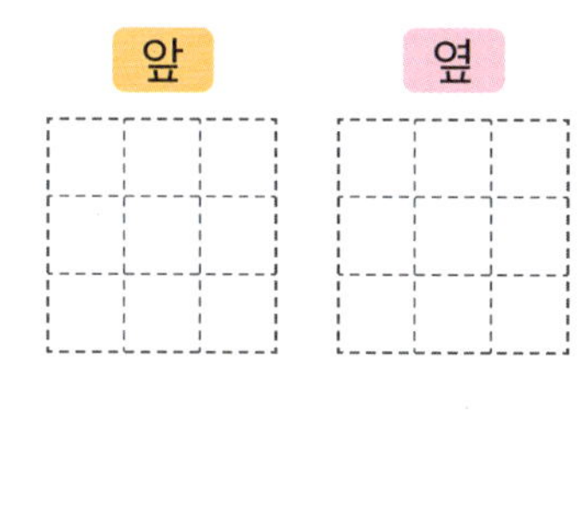

앞 / 옆

2

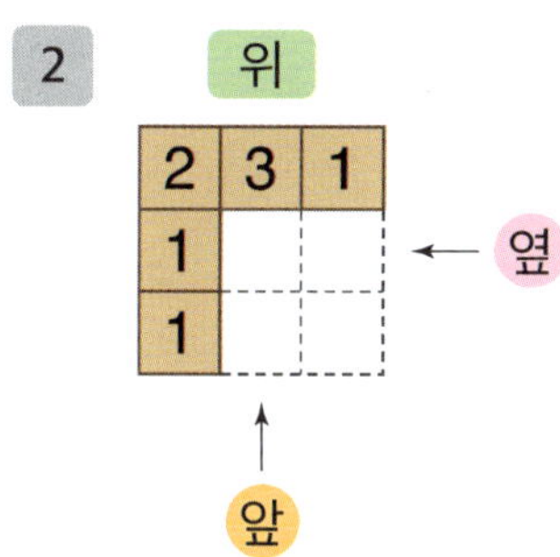

위 / 옆 / 앞

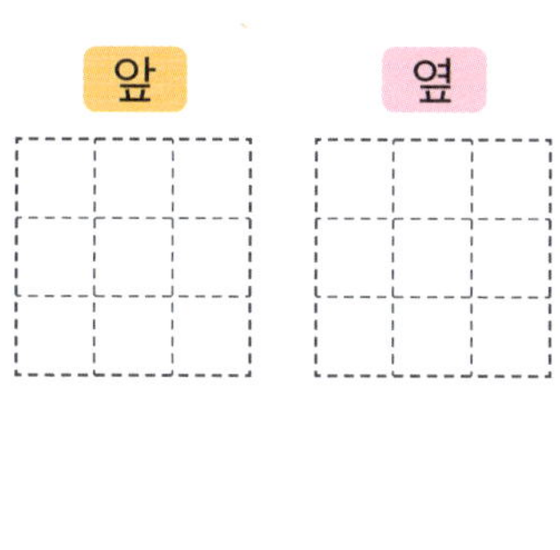

앞 / 옆

6

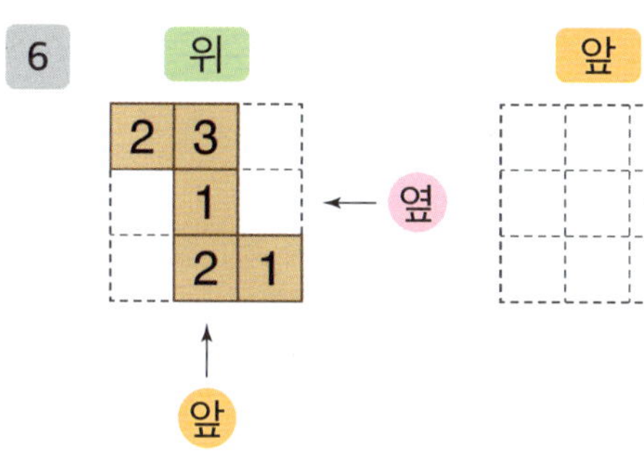

위 / 옆 / 앞 / 앞 / 옆

3

위 / 옆 / 앞

앞 / 옆

7

위 / 옆 / 앞

앞 / 옆

4

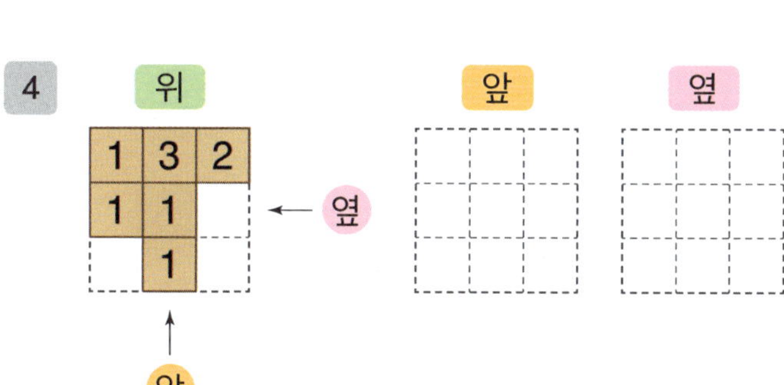

위 / 옆 / 앞

앞 / 옆

8

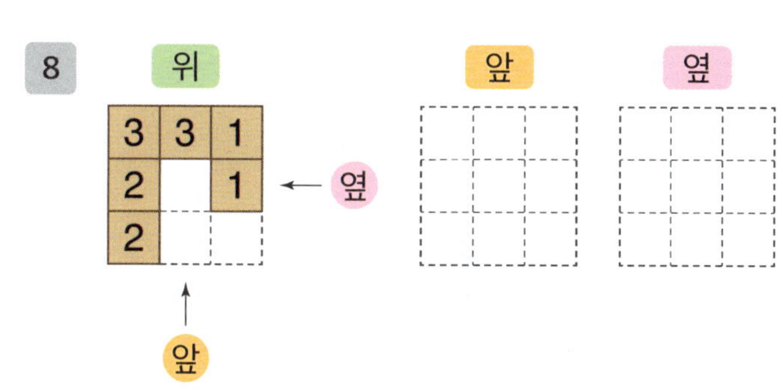

위 / 옆 / 앞

앞 / 옆

위, 앞, 옆에서 본 모양 보고 쌓기나무의 개수 구하기

쌓기나무로 쌓은 모양을 위, 앞, 옆에서 본 모양입니다. 똑같은 모양으로 쌓는 데 필요한 쌓기나무의 개수를 구하세요.

1 위 앞 옆

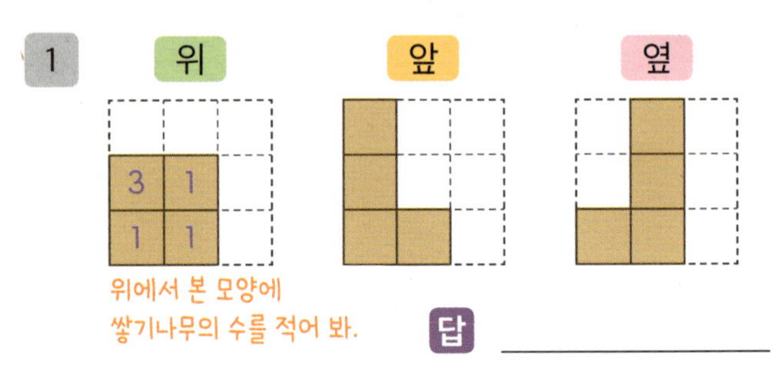

위에서 본 모양에
쌓기나무의 수를 적어 봐.

답 ____________

2 위 앞 옆

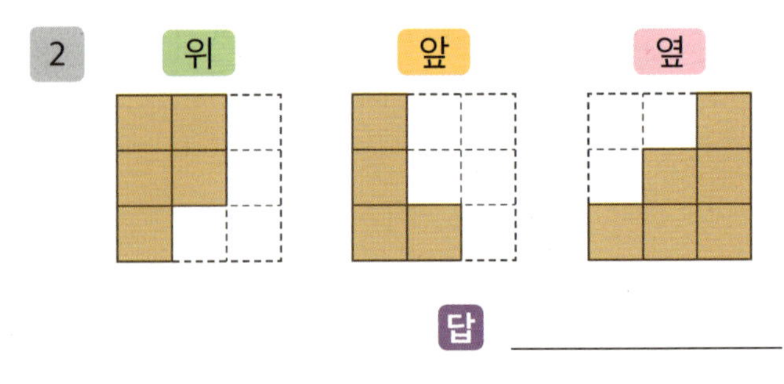

답 ____________

5 위 앞 옆

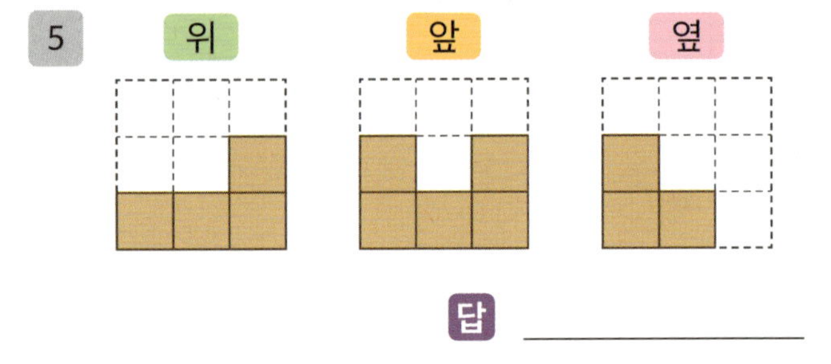

답 ____________

3 위 앞 옆

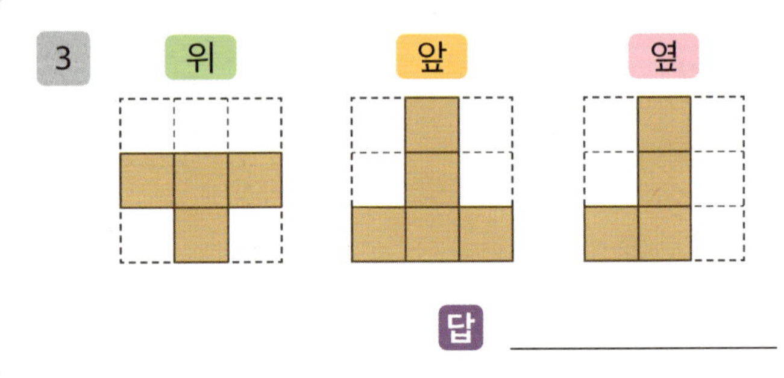

답 ____________

6 위 앞 옆

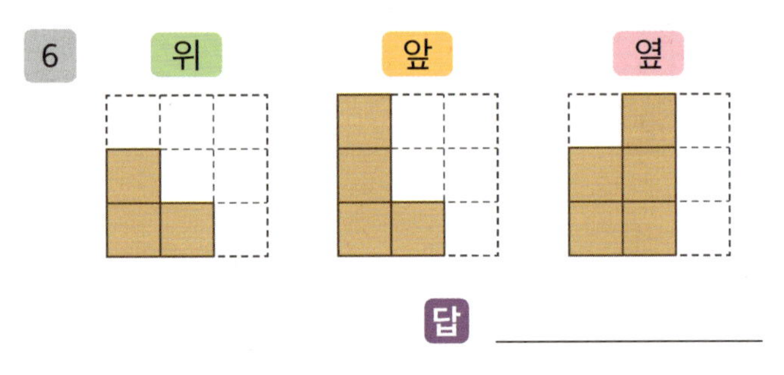

답 ____________

4 위 앞 옆

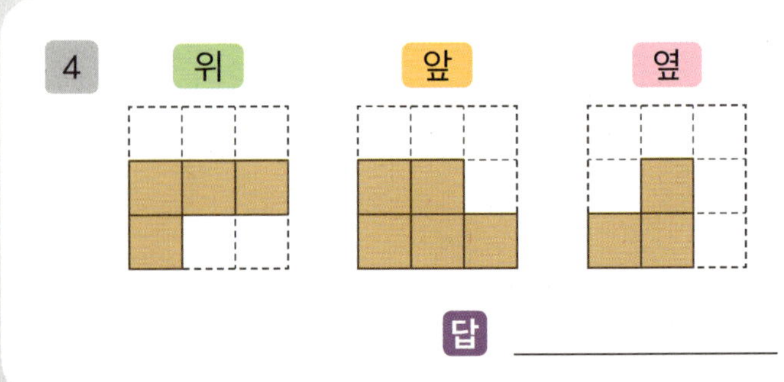

답 ____________

7 위 앞 옆

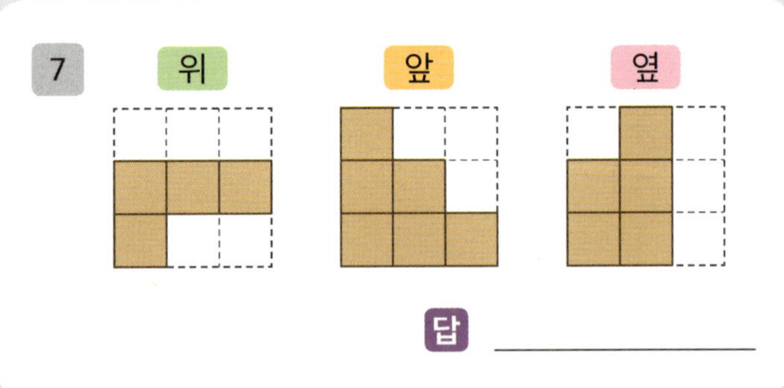

답 ____________

1 쌓기나무로 쌓은 모양을 보고 위에서 본 모양에 수를 써 보세요.

(1)　(2)

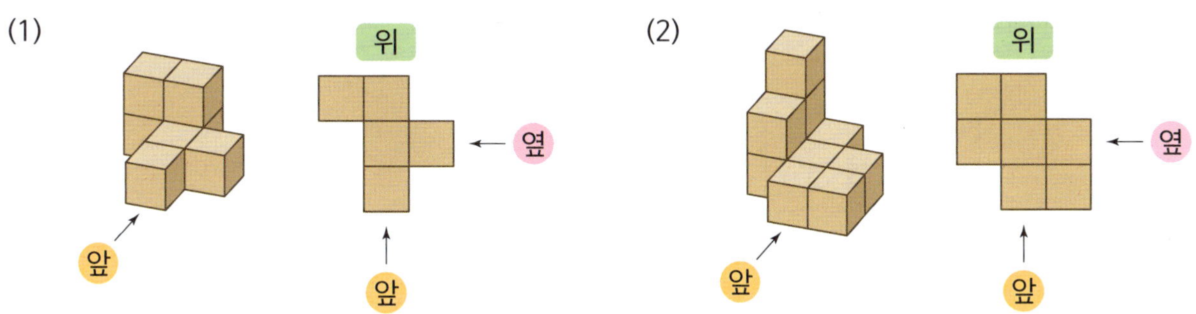

2 쌓기나무로 쌓은 모양과 위에서 본 모양입니다. 앞과 옆에서 본 모양을 각각 그려 보세요.

(1)　(2)

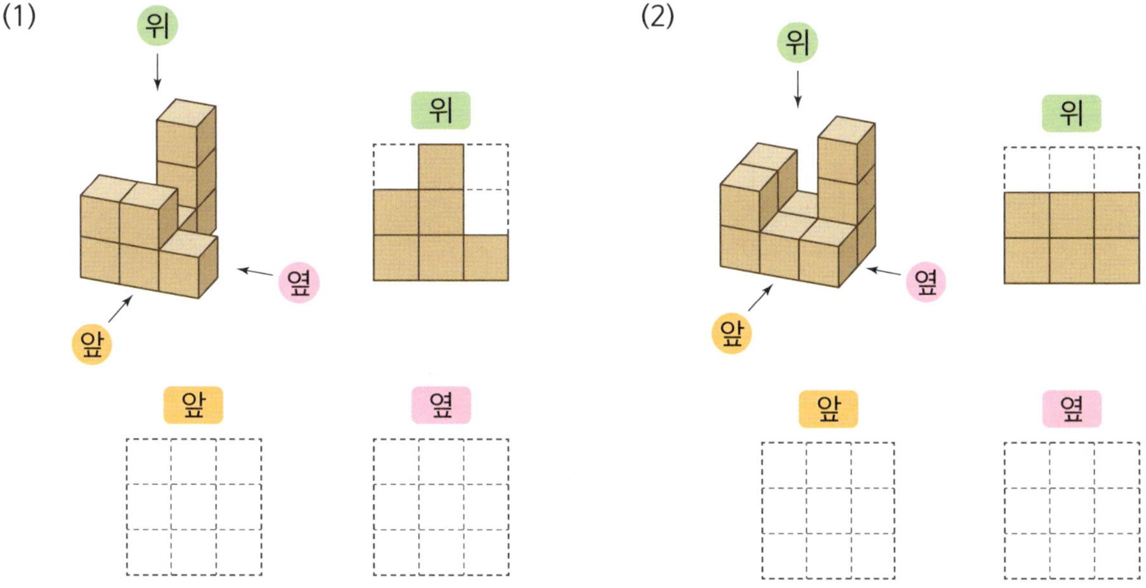

3 쌓기나무로 쌓은 모양과 1층 모양을 보고 2층과 3층 모양을 각각 그려 보세요.

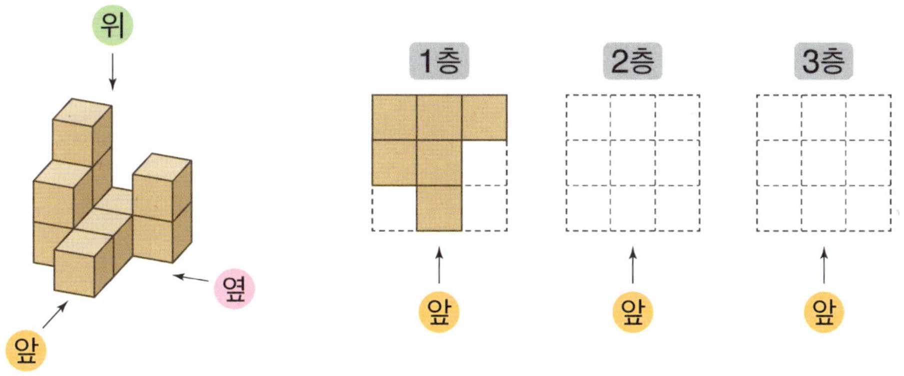

 마무리 확인

응용평가 UP

4 쌓기나무로 쌓은 모양을 층별로 나타낸 모양입니다. 똑같은 모양으로 쌓는 데 필요한 쌓기나무의 개수를 구해 보세요.

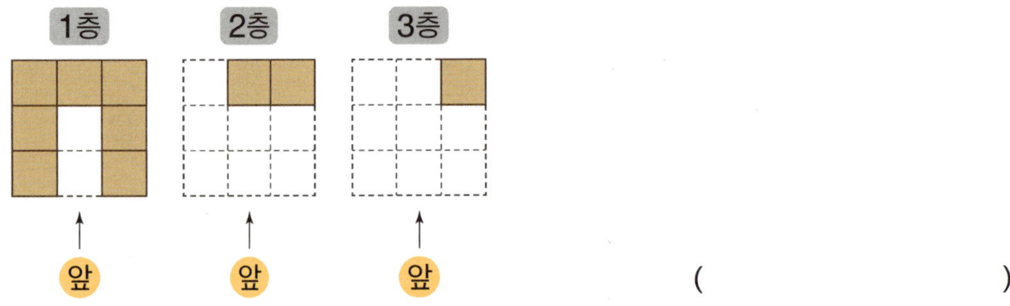

(   )

5 쌓기나무로 쌓은 모양을 위, 앞, 옆에서 본 모양입니다. 어떤 모양을 본 것인지 찾아 기호를 써 보세요.

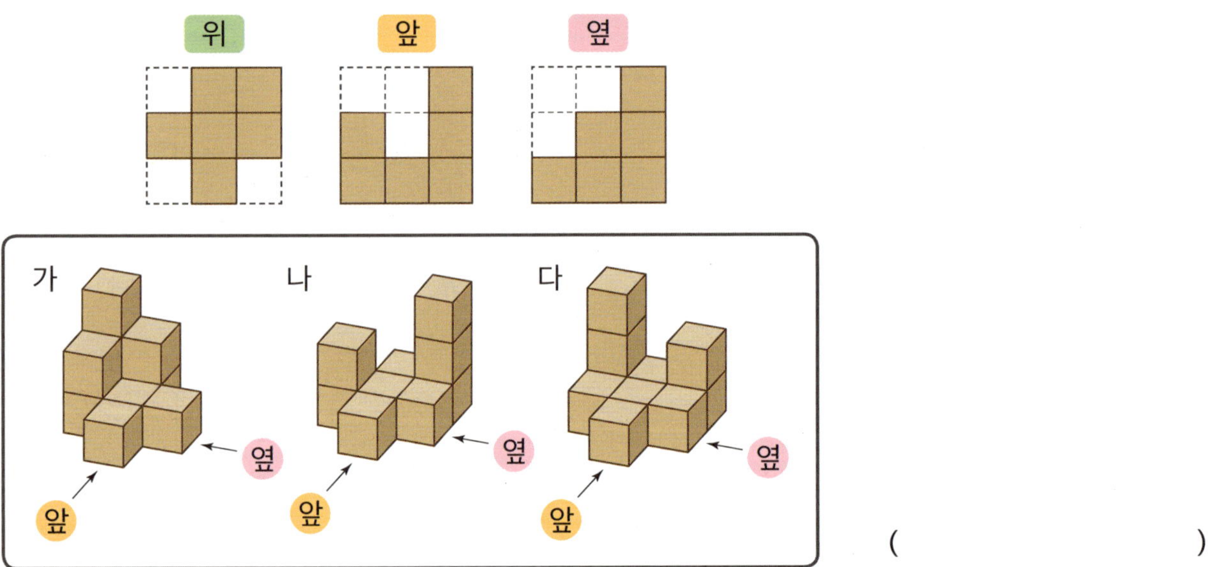

(   )

6 쌓기나무로 쌓은 모양을 위, 앞, 옆에서 본 모양입니다. 똑같은 모양으로 쌓는 데 필요한 쌓기나무의 개수를 구해 보세요.

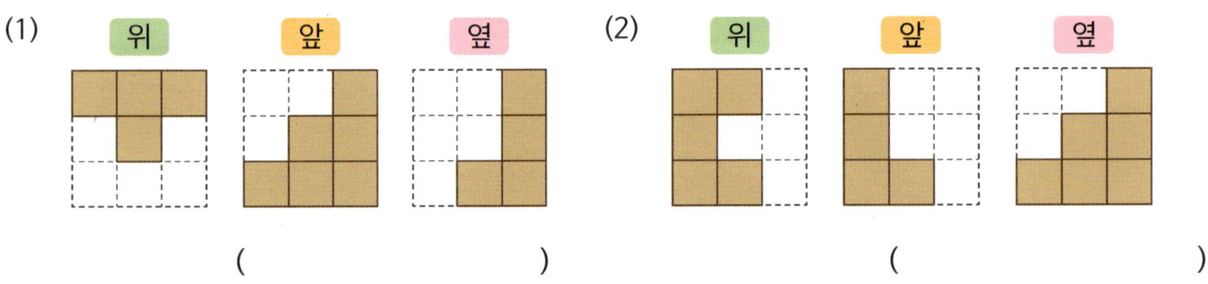

(   )   (   )

04 비례식과 비례배분

· 학습계열표 ·

이전에 배운 내용

6-1 비와 비율
• 비, 비율, 백분율
• 비교하는 양, 기준량

6-1 여러 가지 그래프
• 띠그래프
• 원그래프

지금 배울 내용

6-2 비례식과 비례배분
• 비의 성질
• 비례식의 성질
• 비례배분

앞으로 배울 내용

중학교
• 정비례, 반비례
• 일차방정식
• 일차함수

학습 일차	학습 내용	날짜	맞은 개수	
			연산	응용
DAY 28	**비의 성질**	/	/10	/6
DAY 29	**간단한 자연수의 비 ①** 자연수의 비	/	/14	/4
DAY 30	**간단한 자연수의 비 ②** 소수의 비	/	/13	/3
DAY 31	**간단한 자연수의 비 ③** 분수의 비	/	/13	/3
DAY 32	**간단한 자연수의 비 ④** 분수와 소수의 비	/	/12	/4
DAY 33	**비례식 ①** 비례식의 성질	/	/8	/1
DAY 34	**비례식 ②** 비례식에서 □의 값 구하기	/	/12	/4
DAY 35	**비례식 ③** 비례식에서 □의 값 구하기	/	/12	/3
DAY 36	**비례식 ④** 비례식에서 □의 값 구하기	/	/12	/3
DAY 37	**비례식 ⑤** 비례식에서 □의 값 구하기	/	/12	/4
DAY 38	**비례배분 ①**	/	/8	/4
DAY 39	**비례배분 ②**	/	/8	/4
DAY 40	**마무리 확인**	/		/19

4. 비례식과 비례배분

▶ 비의 성질

❶ 비의 전항과 후항에 0이 아닌 **같은 수를 곱하여도** 비율은 같습니다.

$$3 : 4 \;\Rightarrow\; 6 : 8$$

(×2)

전항　후항

❷ 비의 전항과 후항을 0이 아닌 **같은 수로 나누어도** 비율은 같습니다.

$$6 : 8 \;\Rightarrow\; 3 : 4$$

(÷2)

전항　후항

▶ 간단한 자연수의 비로 나타내기

[소수] : [소수]

전항과 후항에 **10, 100, 1000……을** 곱합니다.

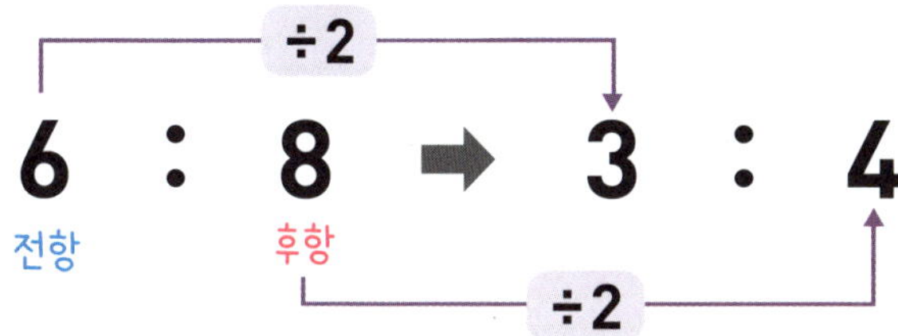

$$0.5 : 0.7 \;\Rightarrow\; 5 : 7$$

(×10)

소수 한 자리 수는 10을 곱해요!

[분수] : [분수]

전항과 후항에 **두 분모의 최소공배수를** 곱합니다.

$$\frac{1}{3} : \frac{1}{4} \;\Rightarrow\; 4 : 3$$

(×12)

3과 4의 최소공배수 12를 곱해요!

[자연수] : [자연수]

전항과 후항을 **두 수의 최대공약수로** 나눕니다.

$$24 : 40 \;\Rightarrow\; 3 : 5$$

(÷8)

24와 40의 최대공약수 8로 나눠요!

비례식

비율이 같은 두 비를 기호 '='를 사용하여
나타낸 식을 비례식이라고 합니다.
바깥쪽에 있는 수를 외항이라 하고,
안쪽에 있는 수를 내항이라고 합니다.

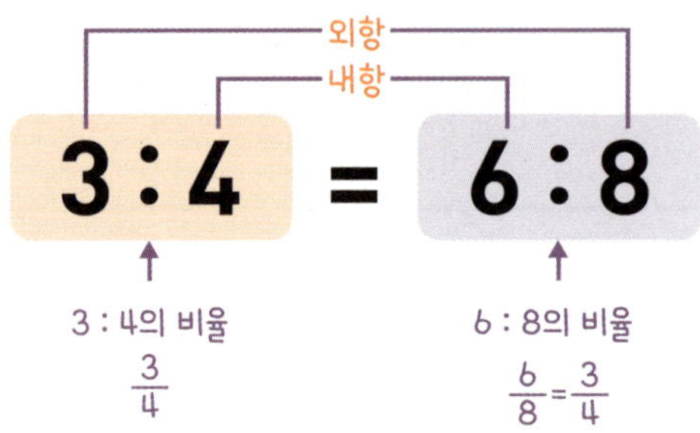

비례식의 성질

비례식에서
외항의 곱과 **내항의 곱**은 같습니다.

외항의 곱 $4 \times 10 = 40$

$$4 : 5 = 8 : 10$$

내항의 곱 $5 \times 8 = 40$

비례식에서 □의 값 구하는 방법

$3 : 5 = 9 : □$

➡ $3 \times □ = 5 \times 9$

$3 \times □ = 45$

$□ = 45 \div 3$

$□ = 15$

① 외항의 곱과 내항의
곱이 같다는 식을
세웁니다.

② 식에서 □의
값을 구합니다.

비례배분

전체를 주어진 비로 배분하는 것을
비례배분이라고 합니다.

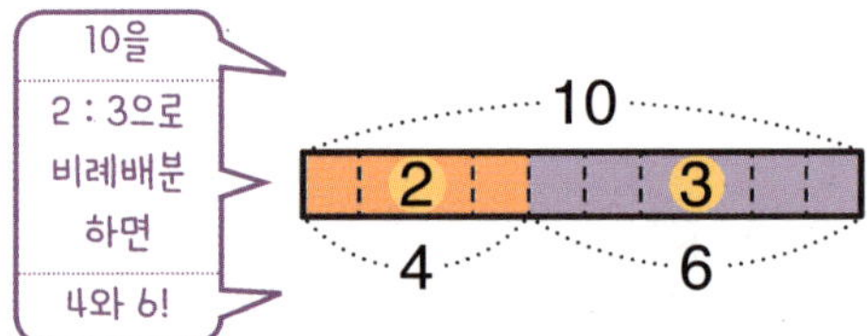

비례배분하는 방법

10을 2 : 3 으로 비례배분

➡ $10 \times \dfrac{2}{2+3} = 4$

두 항의 합에 대한
전항의 비율을 곱하기

$10 \times \dfrac{3}{2+3} = 6$

두 항의 합에 대한
후항의 비율을 곱하기

비의 성질

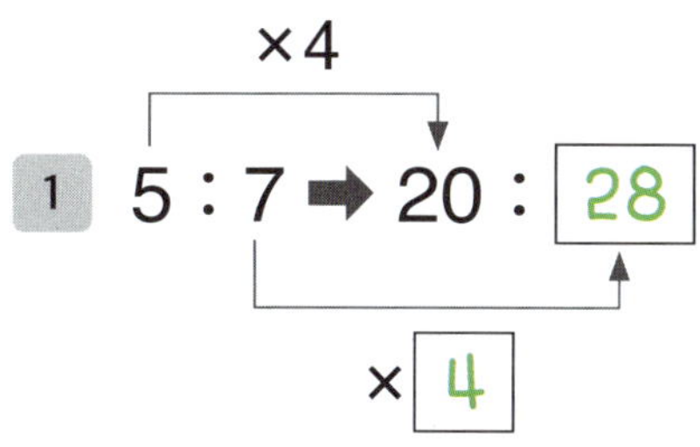

6

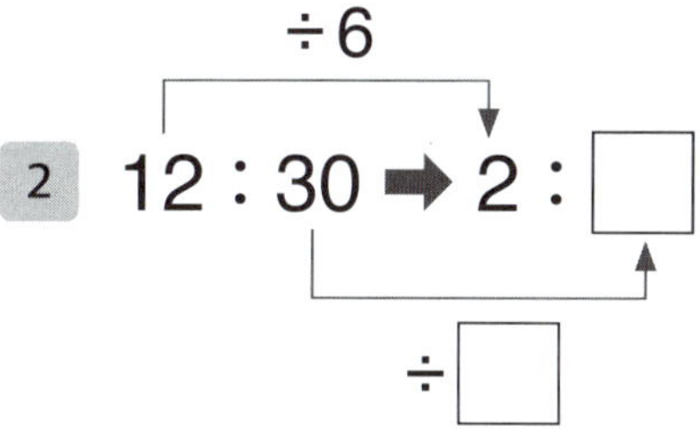

7

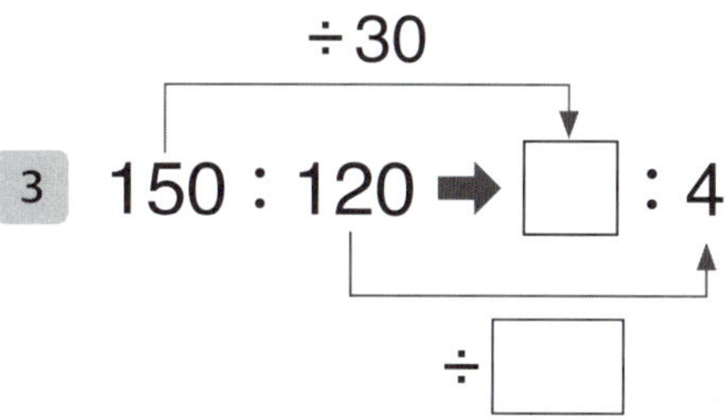

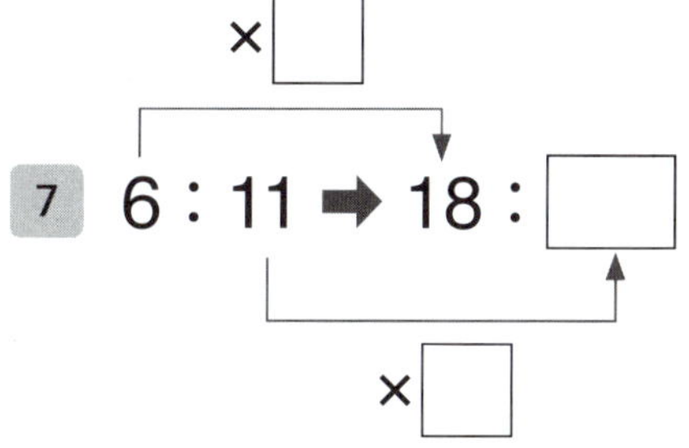

전항과 후항을
같은 수로 나눈 거야.

4

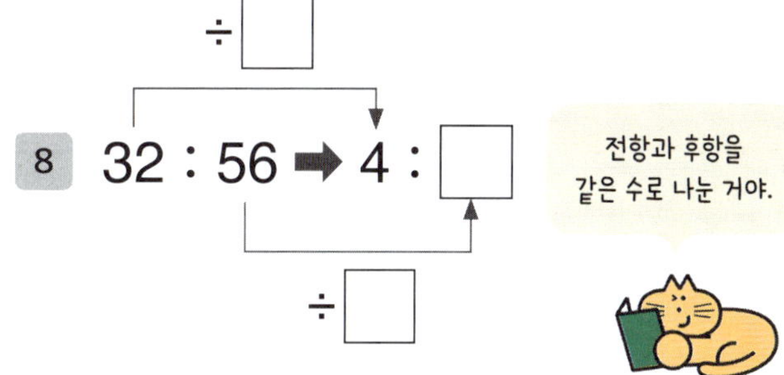

5

10

응용 UP 비의 성질

왼쪽 비와 비율이 같은 비가 적힌 블록을 찾아 색칠해 보세요.

1  4 : 5   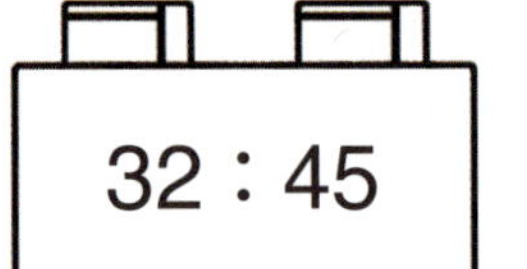 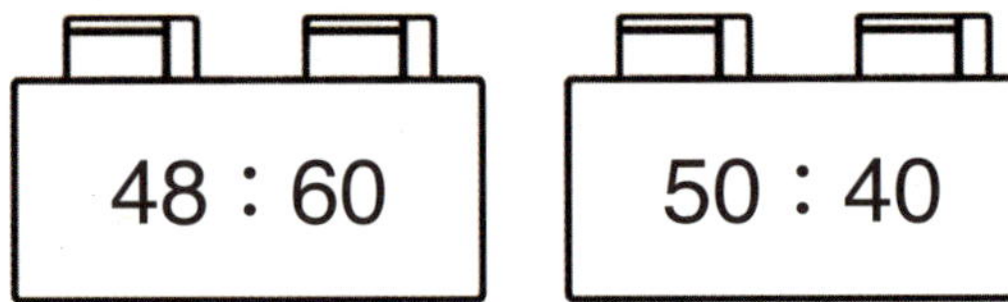
32 : 45   48 : 60   50 : 40

2  5 : 9   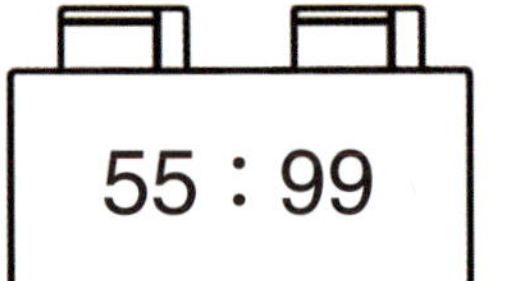 
55 : 99   40 : 63   15 : 18

3  7 : 2   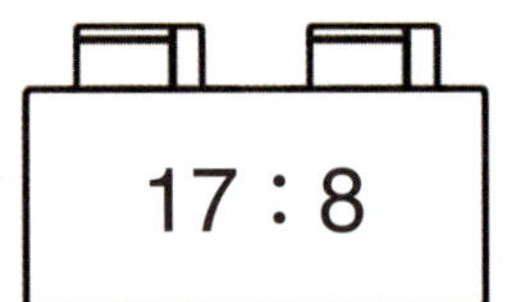 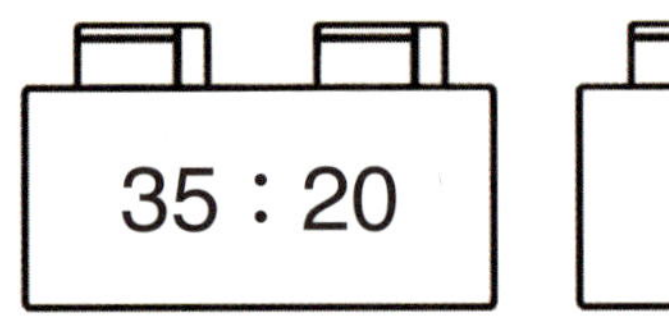 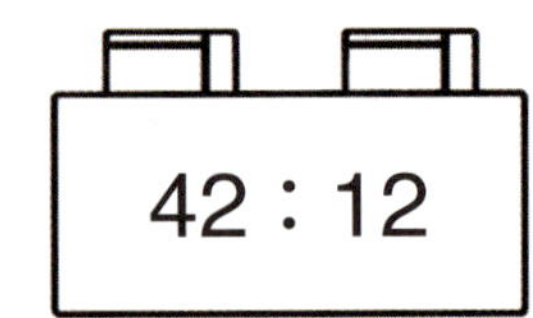
17 : 8   35 : 20   42 : 12

4  30 : 48   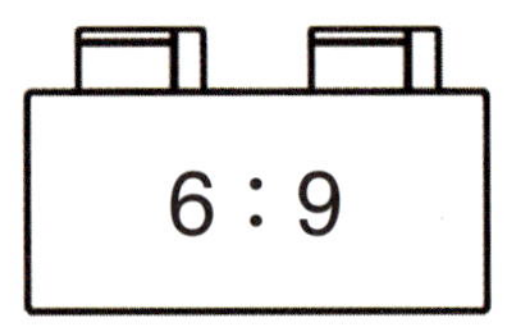 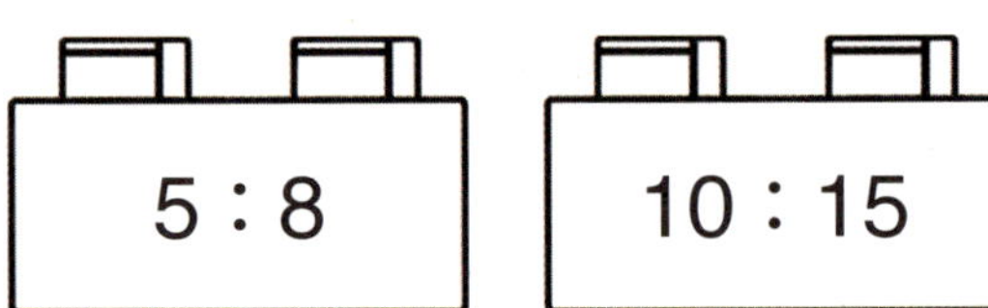
6 : 9   5 : 8   10 : 15

5  75 : 25   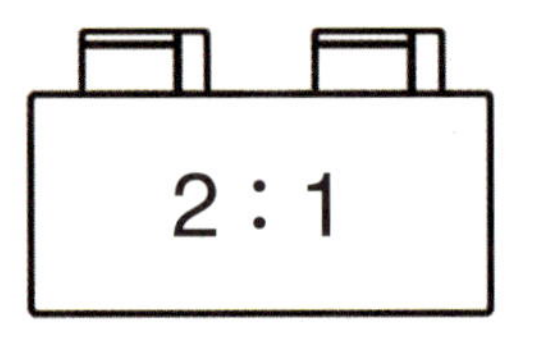 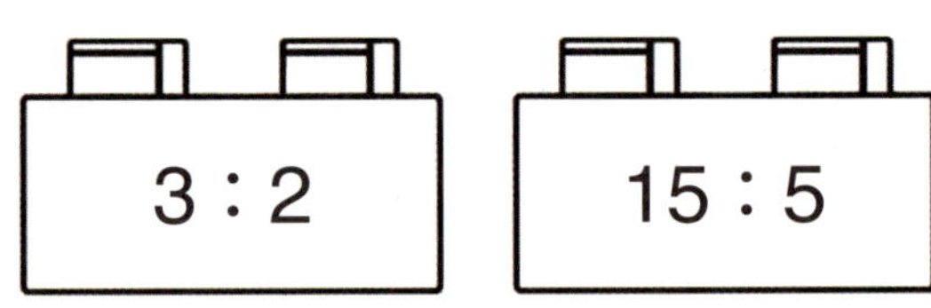
2 : 1   3 : 2   15 : 5

6  60 : 70   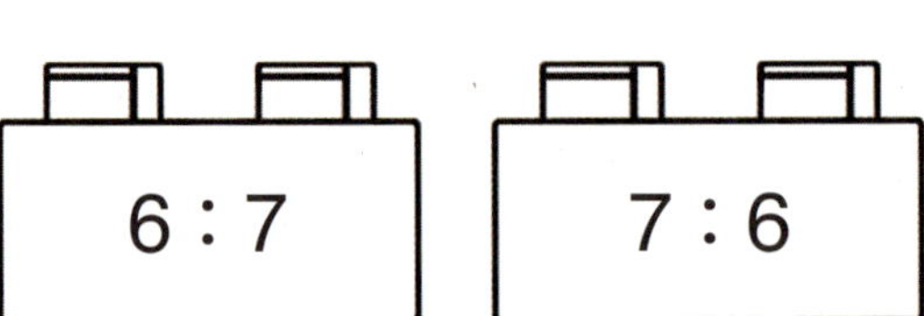
6 : 7   7 : 6   12 : 15

간단한 자연수의 비로 나타내어 보세요.

1 24 : 30 예 4 : 5

① 전항과 후항의 최대공약수 구하기
2) 24 30
3) 12 15
   4 5
➡ 최대공약수 2×3=6

② 각 항을 최대공약수로 나누기
➡ (24÷6) : (30÷6)
  =4 : 5

2 10 : 14

3 16 : 12

4 54 : 9

5 40 : 18

6 10 : 25

7 42 : 56

8 27 : 12

9 30 : 45

10 24 : 15

11 63 : 42

12 88 : 66

13 36 : 60

14 105 : 70

1 윤재는 가로가 **12 cm**, 세로가 **27 cm**인 직사각형 모양의 액자를 만들려고 합니다. 이 액자의 가로와 세로의 비를 간단한 자연수의 비로 나타내어 보세요.

답 _______________

2 화단에 목련나무와 벚나무가 있습니다. 목련나무의 높이는 **350 cm**이고, 벚나무의 높이는 **210 cm**입니다. 목련나무와 벚나무의 높이의 비를 간단한 자연수의 비로 나타내어 보세요.

답 _______________

▶ 혜성이 어머니께서 카레라이스를 만드는 데 필요한 재료의 양을 나타낸 것입니다. 물음에 답하세요.

재료
감자: 360 g
당근: 300 g
돼지고기: 120 g
양파: 135 g

3 감자와 당근의 양의 비를 간단한 자연수의 비로 나타내어 보세요.

답 _______________

4 돼지고기와 양파의 양의 비를 간단한 자연수의 비로 나타내어 보세요.

답 _______________

간단한 자연수의 비로 나타내어 보세요.

1 0.6 : 0.8 예 3 : 4

2 0.02 : 0.03

3 0.7 : 1.5

4 1.4 : 0.9

5 2.1 : 0.3

6 0.02 : 0.06

7 2.8 : 1.6

소수의 비를 간단한 자연수의 비로 나타내기
① 소수의 자릿수에 따라 전항과 후항에 10, 100, 1000……을 곱해.
② 각 항의 최대공약수로 나눠.

8 3.6 : 0.9

9 0.9 : 2.7

10 0.26 : 0.39

11 0.35 : 0.4

12 0.6 : 0.54

13 0.25 : 0.2

1 민경이는 탄산수 **1.2 L**에 매실액 **0.3 L**를 넣어 매실 음료를 만들었습니다. 매실 음료를 만들 때 사용한 탄산수의 양과 매실액의 양의 비를 간단한 자연수의 비로 나타내어 보세요.

답 ____________________

2 태현이네 집에서 학교까지의 거리는 **0.85 km**이고, 지하철역까지의 거리는 **1.4 km**입니다. 태현이네 집에서 학교까지의 거리와 태현이네 집에서 지하철 역까지의 거리의 비를 간단한 자연수의 비로 나타내어 보세요.

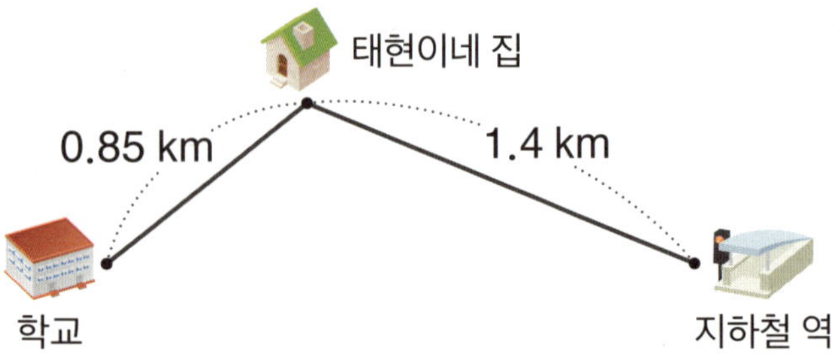

답 ____________________

3 국가별로 남자 멀리뛰기 최고 기록을 나타낸 표입니다. 한국과 인도네시아의 기록의 비를 간단한 자연수의 비로 나타내어 보세요.

국가별 멀리뛰기 기록

국가	한국	미국	스페인	인도네시아
기록(m)	8.2	8.95	8.56	7.85

답 ____________________

간단한 자연수의 비로 나타내어 보세요.

1 $\dfrac{1}{3} : \dfrac{1}{5}$  (예) 5 : 3 두 분모 3과 5의 최소공배수 15를 곱해.

2 $\dfrac{1}{2} : \dfrac{1}{3}$

3 $\dfrac{1}{4} : \dfrac{1}{5}$

4 $\dfrac{6}{7} : \dfrac{5}{6}$

5 $\dfrac{5}{8} : \dfrac{3}{4}$

6 $1\dfrac{1}{3} : 1\dfrac{1}{6}$

7 $\dfrac{6}{25} : \dfrac{21}{50}$

8 $\dfrac{2}{9} : \dfrac{3}{5}$

9 $\dfrac{4}{7} : \dfrac{2}{9}$

10 $1\dfrac{1}{2} : 1\dfrac{1}{5}$

11 $\dfrac{7}{10} : \dfrac{14}{15}$

12 $1\dfrac{7}{8} : \dfrac{1}{2}$

13 $2\dfrac{4}{5} : 1\dfrac{3}{4}$

1 낮과 밤은 지구의 자전으로 생깁니다. 어느 날 우리나라의 낮은 $13\frac{1}{6}$ 시간이고, 밤은 $10\frac{5}{6}$ 시간이었습니다. 이날 낮과 밤의 시간의 비를 간단한 자연수의 비로 나타내어 보세요.

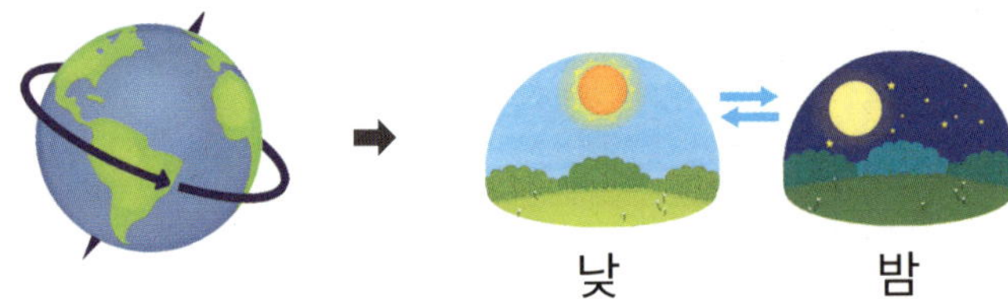

답 ____________________

2 하루 동안 같은 책을 준영이는 전체의 $\frac{2}{5}$ 를, 송아는 전체의 $\frac{3}{8}$ 을 읽었습니다. 하루 동안 준영이와 송아가 읽은 책의 양의 비를 간단한 자연수의 비로 나타내어 보세요.

답 ____________________

3 두 직선 가와 나가 서로 평행합니다. 평행사변형 ㉠, ㉡의 넓이의 비를 간단한 자연수의 비로 나타내어 보세요.

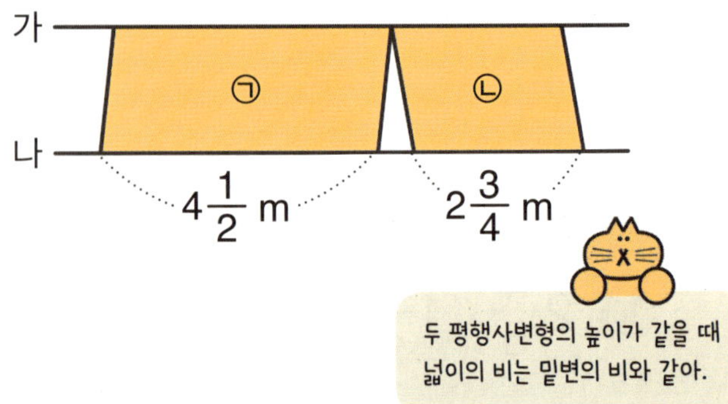

답 ____________________

32 DAY

간단한 자연수의 비 ④ 분수와 소수의 비

연산 Up

간단한 자연수의 비로 나타내어 보세요.

1 $0.3 : \dfrac{2}{5}$ (예) $3 : 4$

분수로 통일

$\dfrac{3}{10} : \dfrac{2}{5}$

$\times 10 \downarrow \quad \downarrow \times 10$

$3 : 4$

소수로 통일

$0.3 : 0.4$

$\times 10 \downarrow \quad \downarrow \times 10$

$3 : 4$

2 $0.1 : \dfrac{1}{2}$

3 $\dfrac{7}{10} : 0.8$

4 $\dfrac{2}{3} : 0.4$

5 $1.2 : \dfrac{2}{5}$

6 $\dfrac{3}{8} : 0.55$

7 $0.05 : \dfrac{7}{20}$

8 $\dfrac{3}{4} : 0.2$

9 $1\dfrac{1}{5} : 1.3$

10 $0.7 : 1\dfrac{1}{2}$

11 $0.35 : \dfrac{1}{4}$

12 $\dfrac{4}{5} : 0.6$

1 수호의 키는 1.4 m이고, 다경이의 키는 $1\frac{1}{2}$ m입니다. 수호의 키와 다경이의 키의 비를 간단한 자연수의 비로 나타내어 보세요.

답 _______________

2 색 테이프를 한영이는 $2\frac{1}{5}$ m 가지고 있고, 정현이는 1.8 m 가지고 있습니다. 한영이와 정현이가 가지고 있는 색 테이프의 길이의 비를 간단한 자연수의 비로 나타내어 보세요.

답 _______________

▶ 대한민국의 넓이를 1로 보았을 때 아시아 여러 나라의 넓이를 어림하여 나타낸 것입니다. 물음에 답하세요.

나라	네팔	일본	싱가포르	쿠웨이트	캄보디아	스리랑카
넓이	1.5	3.6	$\frac{1}{125}$	$\frac{1}{5}$	1.8	$\frac{17}{25}$

3 네팔과 쿠웨이트의 넓이의 비를 간단한 자연수의 비로 나타내어 보세요.

답 _______________

4 일본과 스리랑카의 넓이의 비를 간단한 자연수의 비로 나타내어 보세요.

답 _______________

33 비례식 ① 비례식의 성질

1

$$3 : 7 = 6 : 14$$

외항의 곱: $3 \times 14 = 42$

내항의 곱: $7 \times 6 = 42$

같아!

2

$$5 : 6 = 50 : 60$$

외항의 곱: $\square \times \square = \square$

내항의 곱: $\square \times \square = \square$

3

$$12 : 8 = 6 : 4$$

외항의 곱: $\square \times \square = \square$

내항의 곱: $\square \times \square = \square$

4

$$\frac{1}{3} : \frac{1}{4} = 8 : 6$$

외항의 곱: $\square \times \square = \square$

내항의 곱: $\square \times \square = \square$

5

$$11 : 2 = 22 : 4$$

외항의 곱: $\square \times \square = \square$

내항의 곱: $\square \times \square = \square$

6

$$2.5 : 0.5 = 30 : 6$$

외항의 곱: $\square \times \square = \square$

내항의 곱: $\square \times \square = \square$

7

$$6 : 15 = 2 : 5$$

외항의 곱: $\square \times \square = \square$

내항의 곱: $\square \times \square = \square$

8

$$\frac{1}{2} : \frac{3}{5} = \frac{1}{6} : \frac{1}{5}$$

외항의 곱: $\square \times \square = \square$

내항의 곱: $\square \times \square = \square$

응용 UP

비례식①

DAY 33

비례식이 적힌 표지판을 따라가 보세요.
도착한 곳에는 어떤 선물이 있나요?

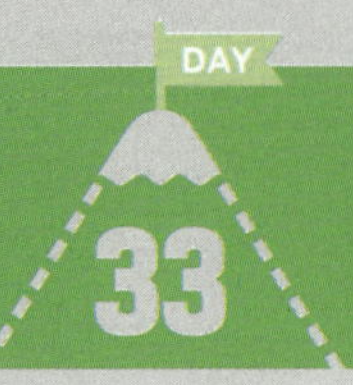

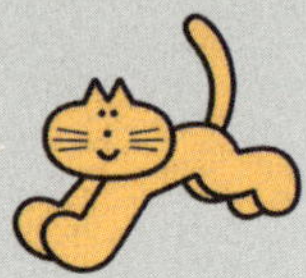

비례식 찾는 방법을 알려줄게~
1. 내항과 외항의 곱이 같으면 비례식!
2. 두 비의 비율이 같아도 비례식!

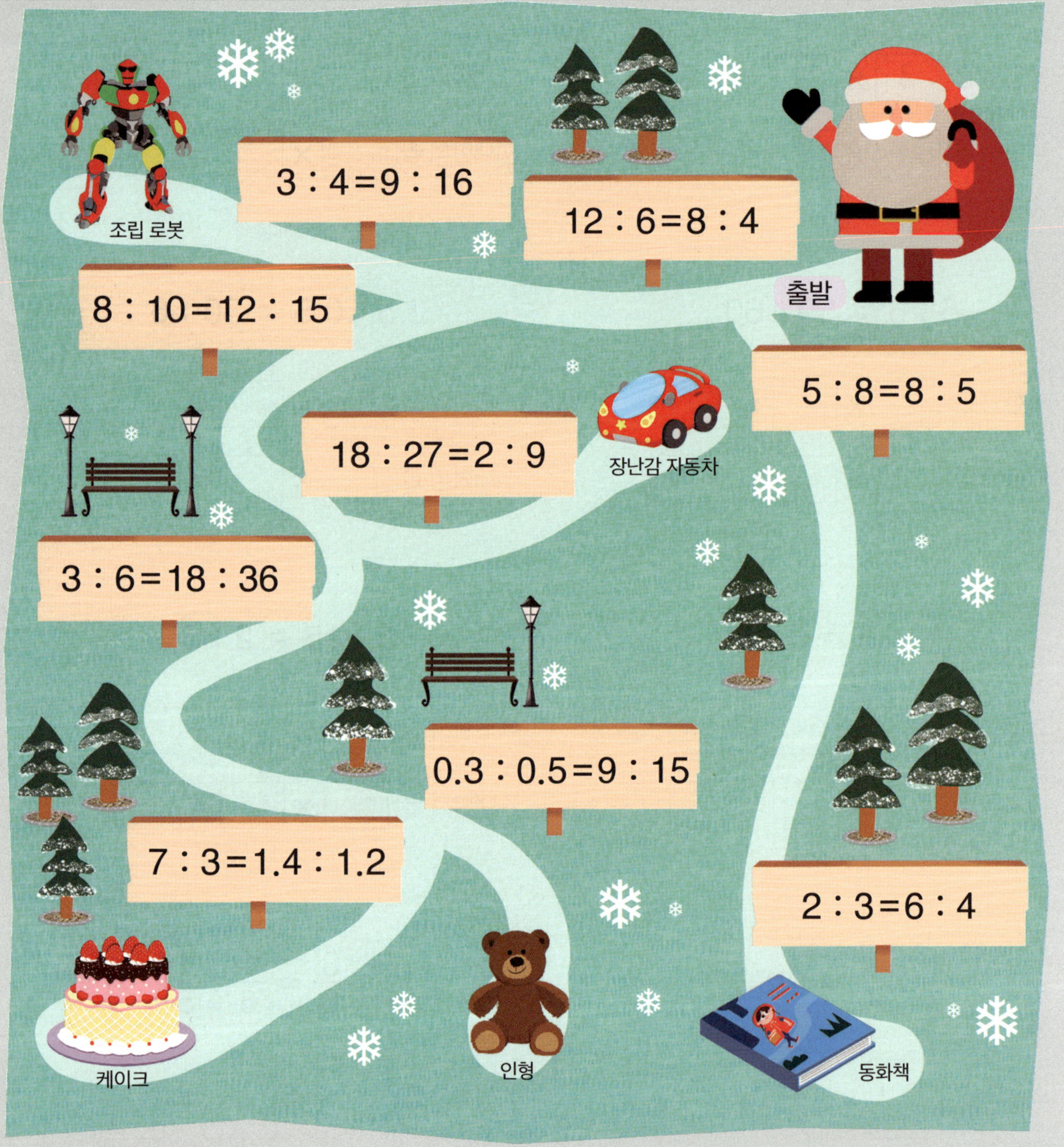

출발
3 : 4=9 : 16
12 : 6=8 : 4
8 : 10=12 : 15
5 : 8=8 : 5
18 : 27=2 : 9
3 : 6=18 : 36
0.3 : 0.5=9 : 15
7 : 3=1.4 : 1.2
2 : 3=6 : 4
조립 로봇
장난감 자동차
케이크
인형
동화책

답 ______________

비례식의 성질을 이용하여 □ 안에 알맞은 수를 써넣으세요.

1 $8 : 3 = 48 : \boxed{18}$

$8 \times \square = 3 \times 48$
$8 \times \square = 144$
$\square = 144 \div 8$
$\square = 18$

7 $15 : 21 = \square : 7$

2 $3 : 6 = 27 : \square$

8 $4 : 16 = \square : 20$

3 $4 : 2 = \square : 8$

9 $7 : \square = 63 : 18$

4 $6 : 15 = \square : 10$

10 $33 : \square = 11 : 3$

5 $\square : 45 = 2 : 9$

11 $12 : \square = 4 : 5$

6 $\square : 13 = 40 : 65$

12 $6 : 12 = 9 : \square$

1 지우와 현우가 가지고 있는 사탕 수의 비는 **2 : 7**입니다. 지우가 사탕을 **16**개 가지고 있다면 현우가 가지고 있는 사탕은 몇 개일까요?

→ (지우) : (현우)

문제에서 비가 주어졌을 때는 전항과 후항의 순서에 맞게 □를 넣어 비례식을 완성하면 돼.

답 ___________

2 딸기잼을 만드는 데 필요한 딸기와 설탕의 무게의 비는 **4 : 3**입니다. 설탕을 **570 g** 넣는다면 딸기는 몇 **g** 넣어야 할까요?

답 ___________

3 예원이는 색도화지를 가로와 세로의 비가 **8 : 5**가 되도록 직사각형 모양으로 잘랐습니다. 자른 직사각형 모양의 가로가 **32 cm**라면 세로는 몇 **cm**일까요?

답 ___________

4 다인이는 아버지와 함께 야구 경기를 보러 야구장에 갔습니다. 어린이와 어른의 입장료의 비가 **2 : 3**일 때, 어른의 입장료가 **12000**원이면 어린이의 입장료는 얼마일까요?

답 ___________

비례식의 성질을 이용하여 □ 안에 알맞은 수를 써넣으세요.

1 $3 : \boxed{15} = 15 : 75$

$\square \times 15 = 3 \times 75$
$\square \times 15 = 225$
$\square = 225 \div 15$
$\square = 15$

2 $2.4 : 3.6 = \square : 9$

3 $\square : 10 = 105 : 150$

4 $26 : 13 = 8 : \square$

5 $\dfrac{2}{7} : \square = 6 : 14$

6 $4 : \square = 64 : 80$

7 $4 : 6 = 6 : \square$

8 $\dfrac{1}{3} : \dfrac{1}{5} = \square : 3$

9 $2 : \square = 0.2 : 4$

10 $\square : 9 = 40 : 45$

11 $50 : \square = 2 : 3$

12 $2.8 : 0.7 = 8 : \square$

1 5분 동안 15 L의 물이 나오는 수도로 300 L 들이의 수족관에 물을 가득 채우려면 몇 분이 걸릴까요?

답 ____________________

2 염전에서 소금 2 kg을 얻으려면 바닷물 60 L가 필요하다고 합니다. 소금 100 kg을 얻기 위해서는 바닷물 몇 L가 필요할까요?

답 ____________________

3 실제 높이가 2 m인 나무막대의 그림자 길이가 2.4 m입니다. 같은 시각에 같은 장소에 있던 나무의 그림자 길이가 5.4 m라면 이 나무의 실제 높이는 몇 m일까요?

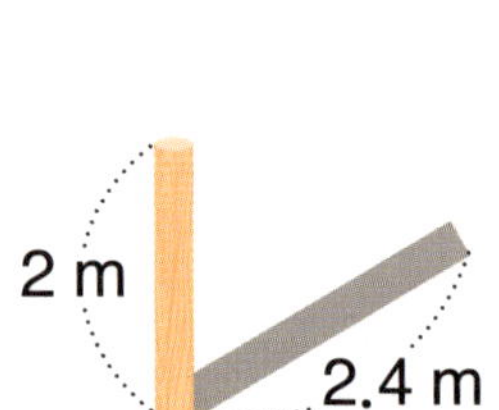

답 ____________________

비례식의 성질을 이용하여 □ 안에 알맞은 수를 써넣으세요.

1 $5 : \boxed{6} = 4.5 : 5.4$

$\square \times 4.5 = 5 \times 5.4$
$\square \times 4.5 = 27$
$\square = 27 \div 4.5$
$\square = 6$

2 $\dfrac{1}{4} : \dfrac{1}{5} = 5 : \boxed{}$

3 $\boxed{} : 4 = 2.1 : 1.2$

4 $20 : \boxed{} = \dfrac{2}{3} : \dfrac{2}{5}$

5 $0.4 : \dfrac{4}{7} = 14 : \boxed{}$

6 $\dfrac{1}{2} : \boxed{} = 15 : 180$

7 $3 : \boxed{} = \dfrac{1}{2} : 2.5$

8 $\dfrac{1}{4} : \dfrac{1}{3} = \boxed{} : 12$

9 $0.5 : 16 = \dfrac{1}{8} : \boxed{}$

10 $18 : 7 = \boxed{} : 1\dfrac{1}{6}$

11 $\boxed{} : 8 = 1.5 : 1.2$

12 $3 : 2.4 = 10 : \boxed{}$

| 지도에서의 축척 |

축척

실제의 길이를 지도상에서 줄인 비율

㉔ (지도에서의 길이) : (실제 길이)

1 축척이 1 : 5000인 지도에서 학교와 병원 사이의 거리가 5 cm일 때 학교와 병원 사이의 실제 거리는 몇 cm일까요?

답 ___________

2 축척이 1 : 5000인 지도를 그리려고 합니다. 우체국과 빵집 사이의 실제 거리가 15000 cm일 때 이 거리를 지도에서는 몇 cm로 나타내야 할까요?

답 ___________

3 축척이 1 : 20000인 지도에서 어떤 두 장소 사이의 거리를 3 cm로 나타냈습니다. 이 두 장소 사이의 실제 거리는 몇 m일까요?

답 ___________

비례식의 성질을 이용하여 □ 안에 알맞은 기약분수를 써넣으세요.

1 $27 : 18 = \dfrac{1}{6} : \boxed{\dfrac{1}{9}}$

$27 \times \square = 18 \times \dfrac{1}{6},\ 27 \times \square = 3$

$\square = 3 \div 27,\ \square = \dfrac{3}{27} = \dfrac{1}{9}$

2 $\dfrac{5}{12} : \boxed{} = 5 : 8$

3 $\dfrac{3}{7} : \boxed{} = 18 : 35$

4 $\boxed{} : 9 = \dfrac{2}{3} : 30$

5 $2 : 10 = \dfrac{1}{20} : \boxed{}$

6 $7 : 4 = \boxed{} : \dfrac{1}{7}$

7 $15 : \boxed{} = 7 : \dfrac{2}{5}$

8 $6 : 5 = \dfrac{3}{4} : \boxed{}$

9 $\boxed{} : 2 = \dfrac{1}{4} : 5$

10 $14 : 16 = \boxed{} : \dfrac{1}{7}$

11 $\dfrac{3}{5} : \dfrac{2}{3} = \boxed{} : \dfrac{5}{9}$

12 $\dfrac{5}{6} : \boxed{} = 10 : 9$

| 톱니바퀴에서 톱니 수, 회전수 |

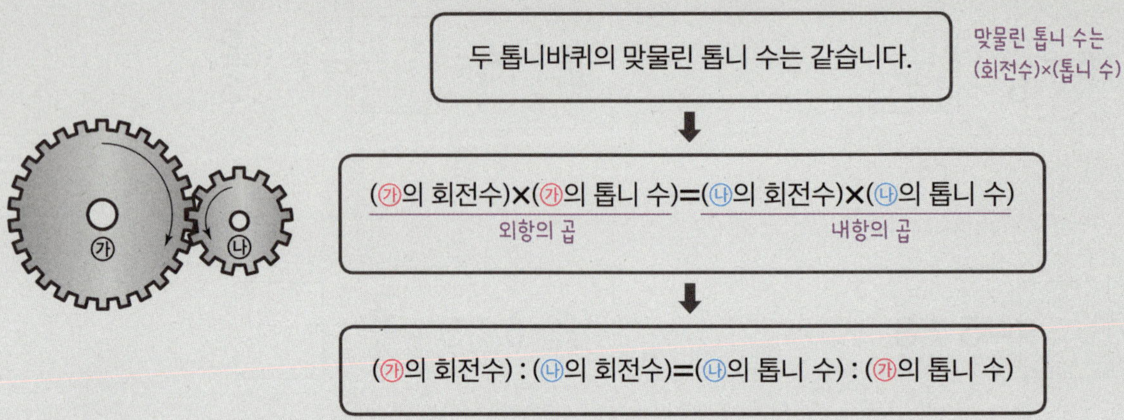

두 톱니바퀴의 맞물린 톱니 수는 같습니다.

맞물린 톱니 수는
(회전수)×(톱니 수)

(㉮의 회전수)×(㉮의 톱니 수)=(㉯의 회전수)×(㉯의 톱니 수)
외항의 곱   내항의 곱

(㉮의 회전수) : (㉯의 회전수)=(㉯의 톱니 수) : (㉮의 톱니 수)

▶ 맞물려 돌아가는 두 톱니바퀴 ㉮와 ㉯가 있습니다. ㉮의 톱니 수는 10개이고, ㉯의 톱니 수는 13개입니다. ㉮가 26번 돌 때, ㉯는 몇 번 돌게 되는지 알아보세요.

1 ㉮와 ㉯의 톱니 수의 비를 구해 보세요.

답 ____________

2 ㉮와 ㉯의 회전수의 비를 구해 보세요.

답 ____________

3 ㉮가 26번 돌 때, ㉯는 몇 번 돌게 될까요?

답 ____________

4 맞물려 돌아가는 두 톱니바퀴 ㉮와 ㉯가 있습니다. ㉮의 톱니 수는 30개이고, ㉯의 톱니 수는 20개입니다. ㉮가 6번 돌 때, ㉯는 몇 번 도는지 비례식을 이용하여 구해 보세요.

답 ____________

1 36을 4 : 5로 비례배분

$$36 \times \frac{4}{4+5} = 36 \times \frac{4}{9} = 16$$
$$36 \times \frac{5}{4+5} = 36 \times \frac{5}{9} = 20$$

➡ <u>　16　</u> , <u>　20　</u>

2 56을 3 : 4로 비례배분

➡ <u>　　　　</u> , <u>　　　　</u>

3 40을 7 : 3으로 비례배분

➡ <u>　　　　</u> , <u>　　　　</u>

4 44를 3 : 1로 비례배분

➡ <u>　　　　</u> , <u>　　　　</u>

5 65를 3 : 2로 비례배분

➡ <u>　　　　</u> , <u>　　　　</u>

6 63을 2 : 7로 비례배분

➡ <u>　　　　</u> , <u>　　　　</u>

7 24를 5 : 3으로 비례배분

➡ <u>　　　　</u> , <u>　　　　</u>

8 52를 6 : 7로 비례배분

➡ <u>　　　　</u> , <u>　　　　</u>

1 귤 45개를 나은이와 건후가 4 : 5의 비로 나누어 가지려고 합니다. 나은이와 건후는 귤을 몇 개씩 나누어 가져야 할까요?

답 나은 ___________

건후 ___________

2 길이가 160 cm인 리본을 우람이와 보람이가 2 : 3의 비로 나누어 가지려고 합니다. 우람이와 보람이는 리본을 몇 cm씩 가져야 할까요?

답 우람 ___________

보람 ___________

3 어머니 생신 선물을 사기 위해 민재와 동생은 7 : 5의 비로 돈을 나누어 내기로 했습니다. 선물값이 24000원이라면 민재와 동생은 얼마씩 내야 할까요?

답 민재 ___________

동생 ___________

4 태환이와 세리는 초콜릿 20개를 1 : 3의 비로 나누어 먹었습니다. 누가 초콜릿을 몇 개 더 많이 먹었나요?

답 ___________ , ___________

1 120을 1 : 2로 비례배분

$$120 \times \frac{1}{1+2} = 120 \times \frac{1}{3} = 40$$
$$120 \times \frac{2}{1+2} = 120 \times \frac{2}{3} = 80$$

➡ __40__ , __80__

2 35를 4 : 1로 비례배분

➡ __________, __________

3 72를 7 : 5로 비례배분

➡ __________, __________

4 90을 8 : 7로 비례배분

➡ __________, __________

5 96을 3 : 5로 비례배분

➡ __________, __________

6 52를 9 : 4로 비례배분

➡ __________, __________

7 105를 5 : 2로 비례배분

➡ __________, __________

8 50을 12 : 13으로 비례배분

➡ __________, __________

▶ 재석이네 학교 6학년 1반은 10명, 2반은 15명입니다. 공책 100권을 학생 수의 비에 따라 1반과 2반에 나누어 주려고 합니다. 물음에 답하세요.

1 1반과 2반의 학생 수의 비를 간단한 자연수의 비로 나타내어 보세요.

답 _____________

2 1반과 2반에 공책을 몇 권씩 주어야 할까요?

답 1반 _____________
2반 _____________

3 지효네 가족은 3명, 종민이네 가족은 4명입니다. 두 가족이 함께 밤 14 kg 을 주웠습니다. 밤을 지효네와 종민이네 가족 수의 비로 나누어 가진다면 두 가족은 몇 kg씩 가지게 될까요?

→ 먼저 가족 수의 비를 구해.

답 지효네 _____________
종민이네 _____________

4 어떤 회사에 규빈이는 6만 원, 규석이는 4만 원을 함께 투자하여 모두 2만 원의 이익금을 받았습니다. 투자한 금액의 비로 이익금을 나누면 규빈이와 규석이는 얼마씩 받게 될까요?

먼저 투자한 금액의 비를 ←
간단하게 나타내 봐.

답 규빈 _____________
규석 _____________

1 간단한 자연수의 비로 나타내어 보세요.

(1) $56 : 72$

(2) $24 : 45$

(3) $35 : 55$

(4) $0.6 : 1.5$

(5) $0.3 : 0.2$

(6) $1.2 : 1$

(7) $2\dfrac{1}{3} : \dfrac{1}{7}$

(8) $\dfrac{5}{6} : \dfrac{7}{8}$

(9) $2.4 : \dfrac{3}{4}$

2 비례식의 성질을 이용하여 □ 안에 알맞은 수를 써넣으세요.

(1) $3 : 11 = \boxed{} : 55$

(2) $\boxed{} : 4 = 98 : 56$

(3) $\dfrac{5}{8} : \dfrac{5}{6} = 12 : \boxed{}$

(4) $1\dfrac{1}{4} : \boxed{} = 18 : \dfrac{4}{5}$

3 왼쪽의 수를 주어진 비로 비례배분하여 [,] 안에 써 보세요.

(1) **48** $7 : 9$ ➡ [,   ]

(2) **72** $5 : 4$ ➡ [,   ]

4 경은이네 학교 전체 학생 수는 **420**명이고, 이 중 남학생은 **200**명이라고 합니다. 남학생 수와 여학생 수의 비를 간단한 자연수의 비로 나타내어 보세요.

(   )

5 어떤 건물 모형의 높이는 **15 cm**입니다. (모형의 높이) : (실제 건물의 높이)=**1 : 40**일 때 실제 건물의 높이는 몇 **m**일까요?

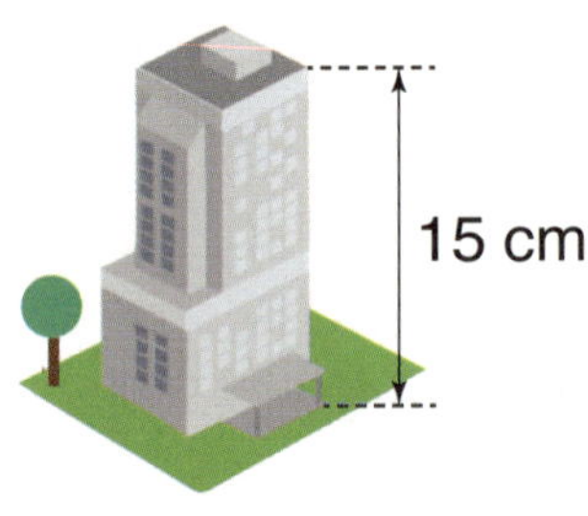

(   )

6 높이가 **1 m**인 나무막대의 그림자 길이가 **0.8 m**입니다. 같은 시각에 같은 장소에 있던 가로등의 그림자 길이가 **2.8 m**라면 이 가로등의 높이는 몇 **m**일까요?

(   )

7 ㉮와 ㉯ 상자에 **3 : 7**의 비로 사과 **60**개를 나누어 담았습니다. ㉮와 ㉯ 상자에 사과를 몇 개씩 담았나요?

㉮ 상자 (   )

㉯ 상자 (   )

05
원의 넓이

이전에 배운 내용

3-2 원
• 반지름, 지름

5-1 다각형의 둘레와 넓이
• 다각형의 둘레
• 다각형의 넓이

지금 배울 내용

6-2 원의 넓이
• 원주 구하기
• 원의 넓이 구하기

앞으로 배울 내용

6-2 원기둥, 원뿔, 구
• 원기둥, 원뿔, 구의 이해
• 원기둥의 전개도

학습 일차	학습 내용	날짜	맞은 개수	
			연산	응용
DAY 41	원주 ①	/	/8	/8
DAY 42	원주 ②	/	/8	/4
DAY 43	원주 ③ 여러 가지 원의 둘레 구하기	/	/8	/8
DAY 44	원의 넓이 ①	/	/8	/8
DAY 45	원의 넓이 ②	/	/8	/4
DAY 46	원의 넓이 ③ 여러 가지 원의 넓이 구하기	/	/6	/6
DAY 47	원의 둘레와 넓이 종합 ①	/	/6	/3
DAY 48	원의 둘레와 넓이 종합 ②	/	/6	/1
DAY 49	원의 둘레와 넓이 종합 ③	/	/8	/3
DAY 50	마무리 확인	/		/12

5. 원의 넓이

▶ 원주와 원주율의 원리

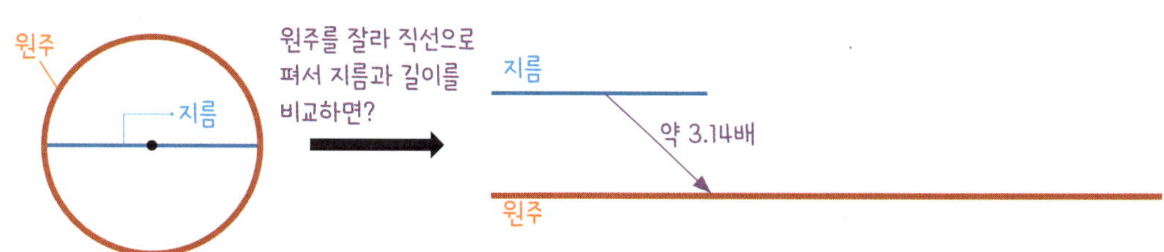

① 원의 둘레를 원주라고 합니다.

② 원의 크기에 관계없이 지름에 대한 원주의 비율은 일정합니다.

③ 원의 지름에 대한 원주의 비율을 원주율이라고 합니다.

$$(원주율) = \frac{(원주)}{(지름)} = (원주) \div (지름)$$

④ 원주율을 소수로 나타내면 3.1415926535897932……와 같이 끝없이 계속됩니다.

▶ 원주율, 원주, 지름의 관계

원의 크기에 관계없이 원주율은 같아. 필요에 따라 3, 3.1, 3.14 등으로 어림하여 사용해.

$$(원주율) = (원주) \div (지름)$$

$$(원주) = (지름) \times (원주율)$$

$$(지름) = (원주) \div (원주율)$$

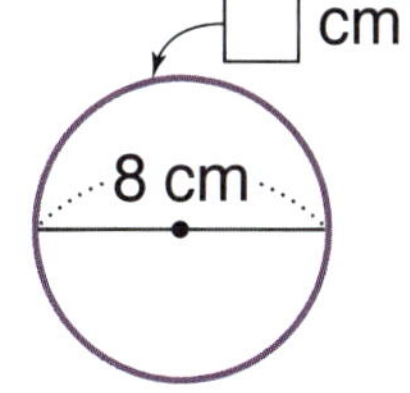

지름: 8 cm, 원주율: 3.1일 때 원주는?
➡ (원주) = 8 × 3.1 = 24.8 (cm)

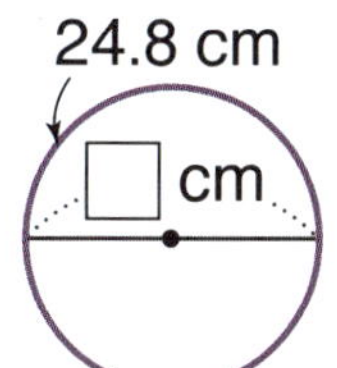

원주: 24.8 cm, 원주율: 3.1일 때 지름은?
➡ (지름) = 24.8 ÷ 3.1 = 8 (cm)

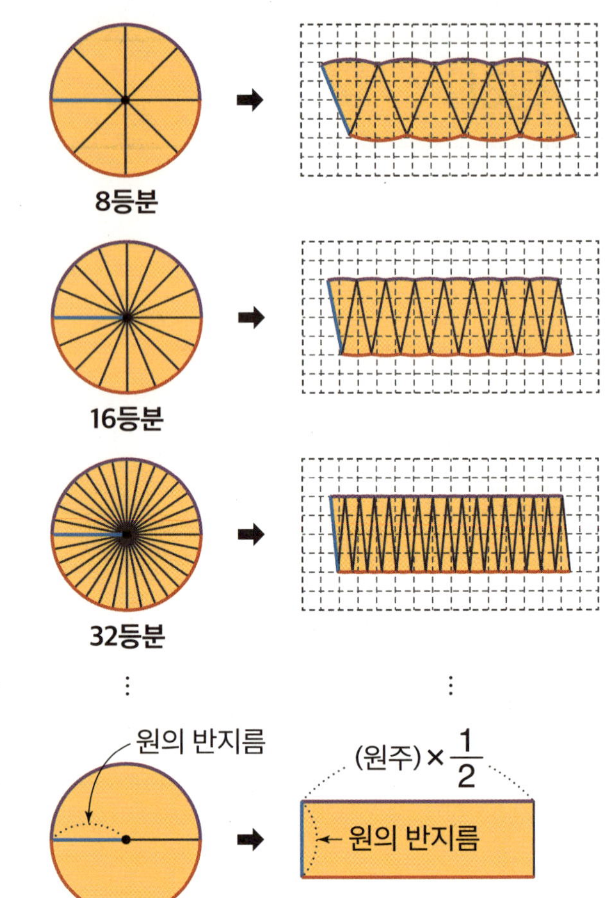

(원의 넓이)

= (직사각형의 가로) × (직사각형의 세로)

= (원주) × $\dfrac{1}{2}$ × (반지름)

= (원주율) × (지름) × $\dfrac{1}{2}$ × (반지름)

= (원주율) × (반지름) × (반지름)

(원의 넓이)

= (반지름) × (반지름) × (원주율)

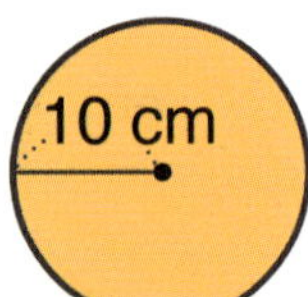

반지름: 10 cm, 원주율: 3.14일 때

원의 넓이는?

➡ (원의 넓이) = 10 × 10 × 3.14 = 314 (cm²)

원주를 구해 보세요.

1

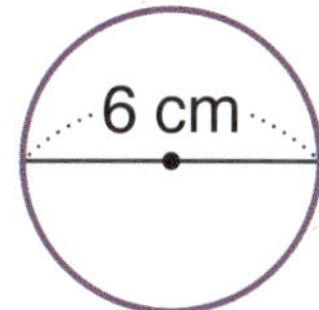

(원주)=(지름)×(원주율)
=6×3.14
=18.84 (cm)

(원주율: 3.14)

18.84 cm

2

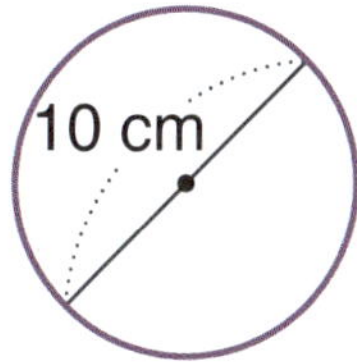

(원주율: 3.1)

____

3

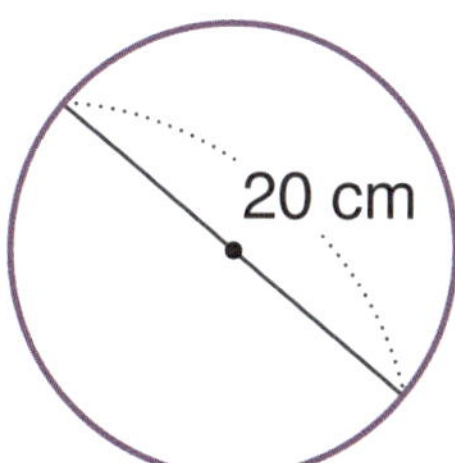

(원주율: 3.14)

____

4

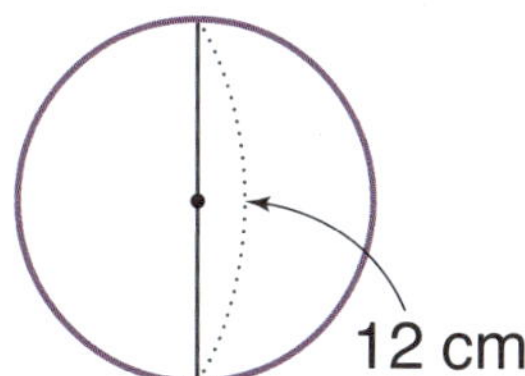

(원주율: 3)

____

5

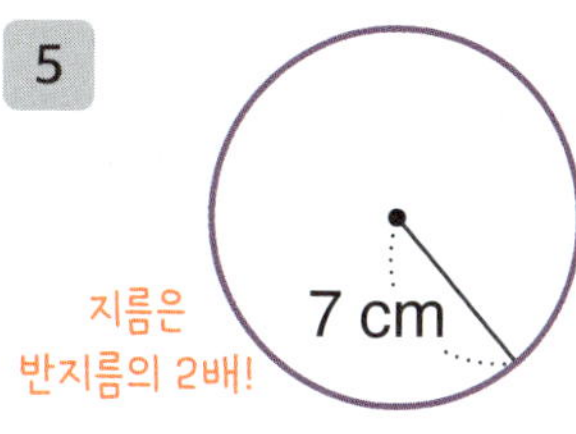

지름은
반지름의 2배!

(원주율: 3)

____

6

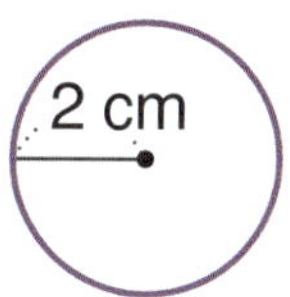

(원주율: 3.1)

____

7

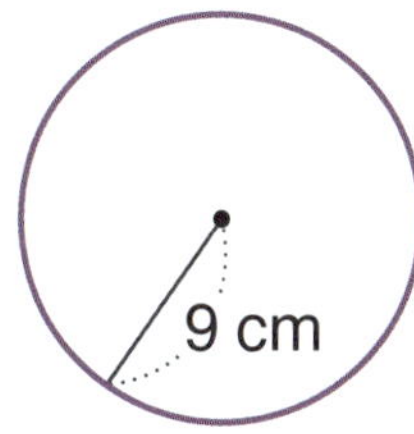

(원주율: 3)

____

8

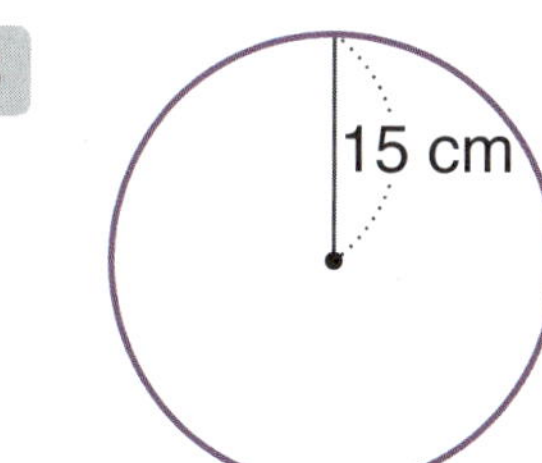

(원주율: 3.14)

____

응용UP 원주 ①

| 원주를 알 때 지름 구하기 |

원주와 원주율이 다음과 같을 때 □ 안에 알맞은 수를 써넣으세요.

1
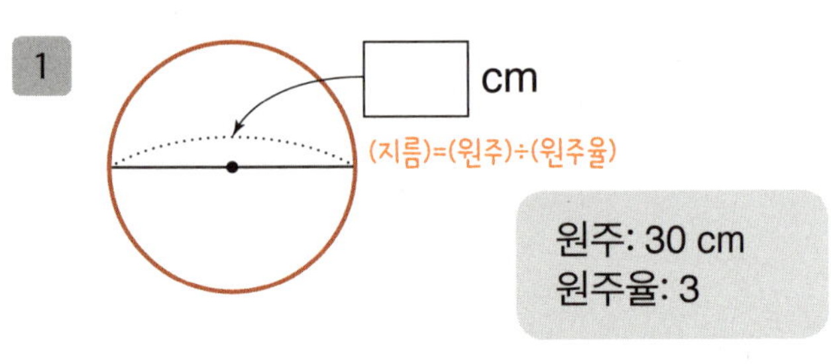

5
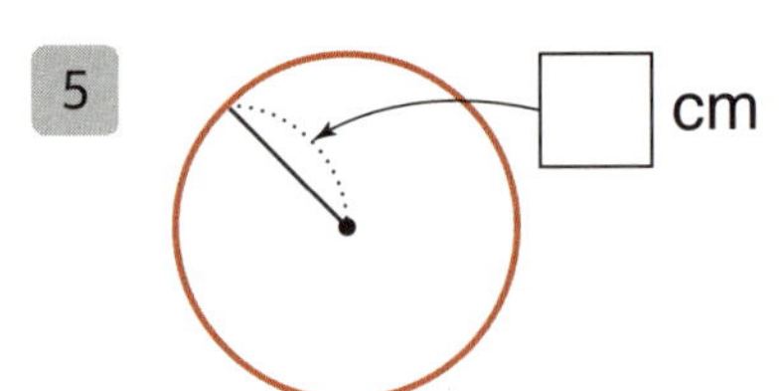

2
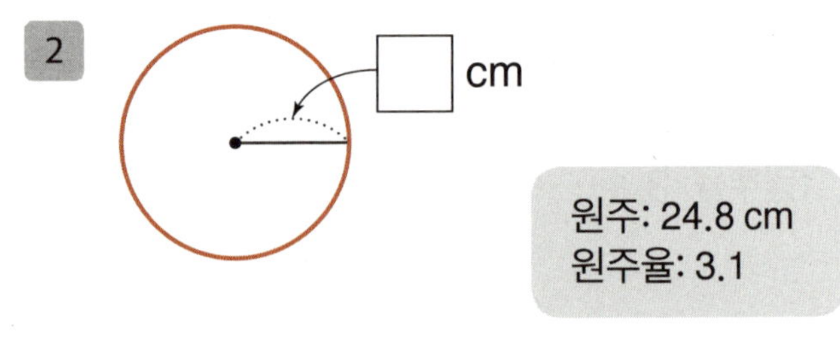

6
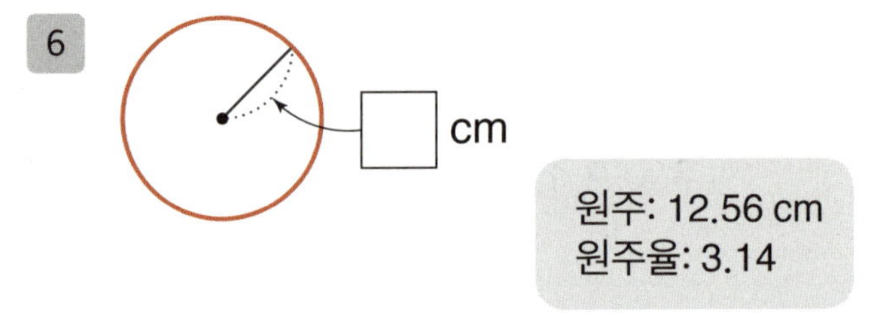

3
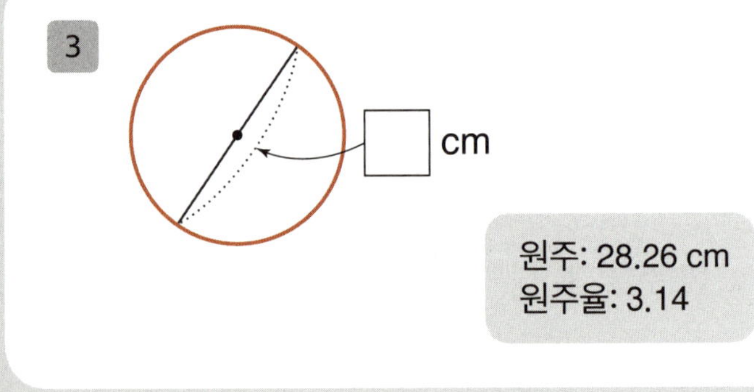

7
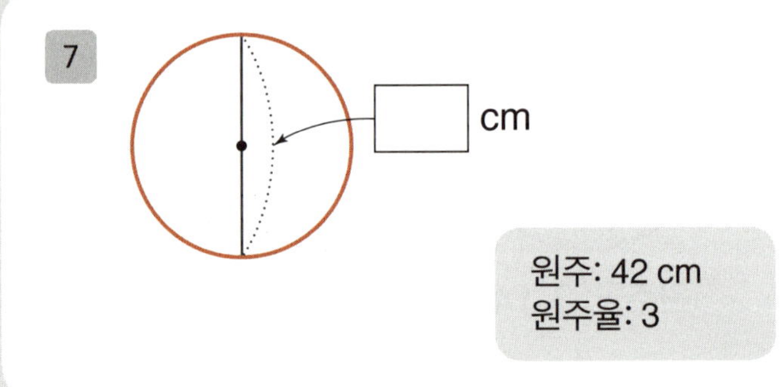

4
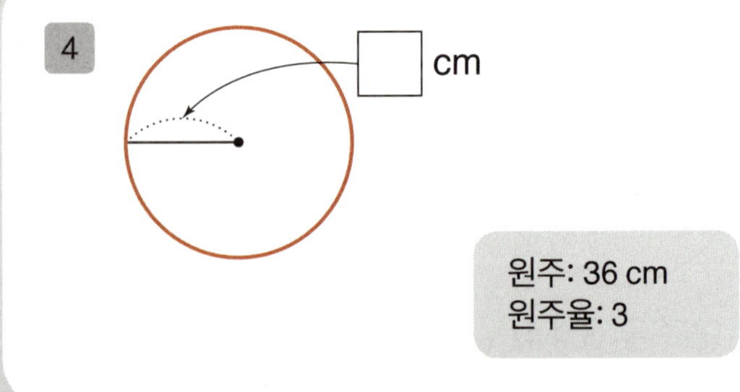

8
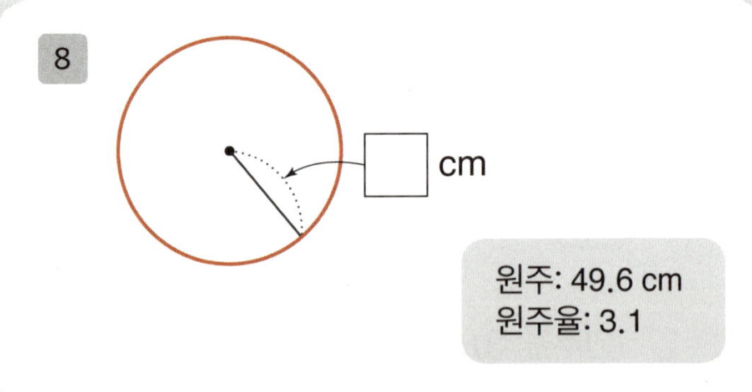

원주를 구해 보세요.

1 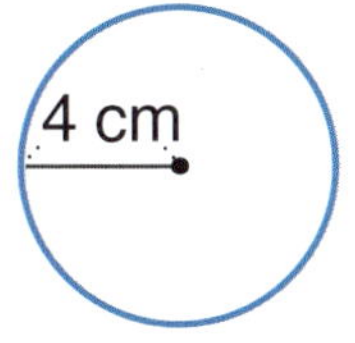

4 cm

(원주) = (반지름) × 2 × (원주율)
= 4 × 2 × 3.14
= 25.12 (cm)

(원주율: 3.14)

25.12 cm

2 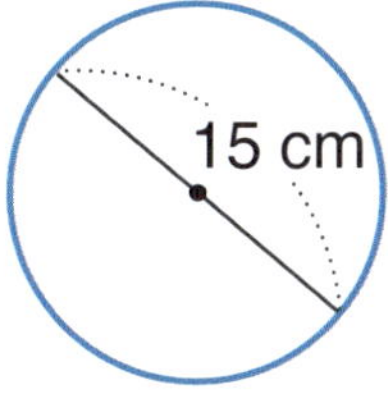

15 cm

(원주율: 3.1)

____

3 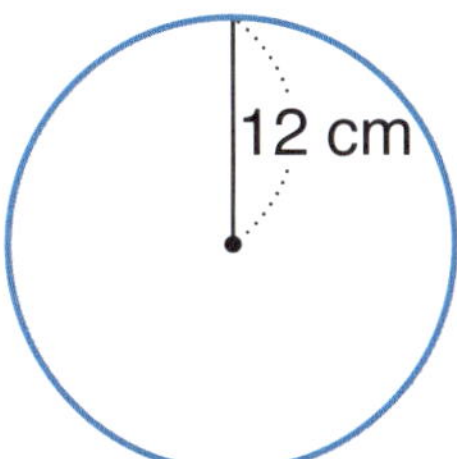

12 cm

(원주율: 3.14)

____

4 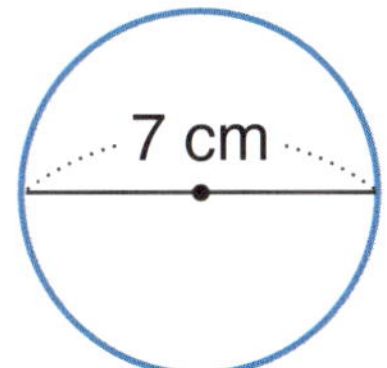

7 cm

(원주율: 3)

____

5 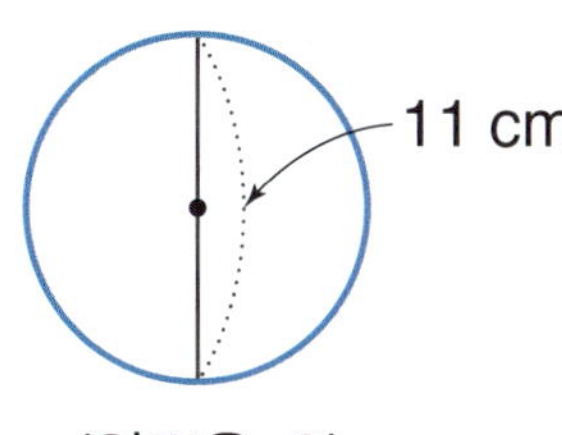

11 cm

(원주율: 3)

____

6 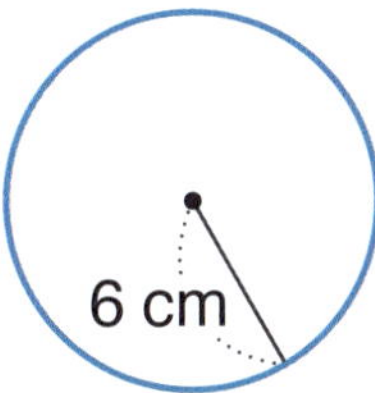

6 cm

(원주율: 3.1)

____

7 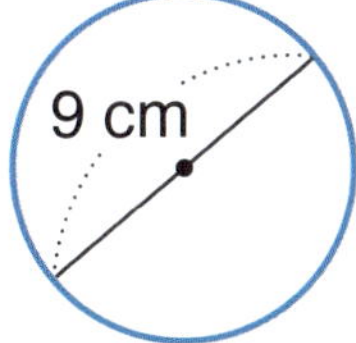

9 cm

(원주율: 3)

____

8 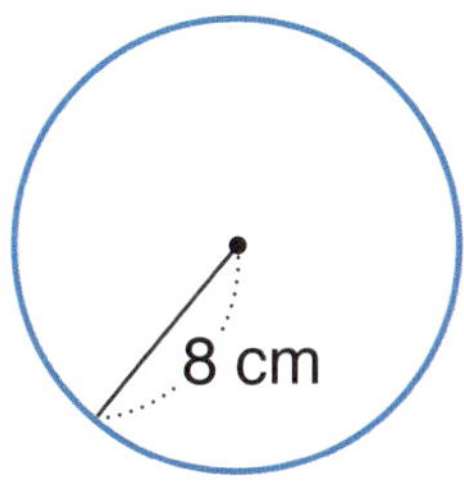

8 cm

(원주율: 3.14)

____

---

1 길이가 3 m인 줄을 반지름으로 하여 운동장에 원을 그렸습니다. 그린 원의 원주는 몇 m일까요? (원주율: 3.14)

답 ___________

---

2 여울이는 도자기 만들기 체험을 했습니다. 여울이가 만든 오른쪽 접시의 둘레는 몇 cm일까요? (원주율: 3)

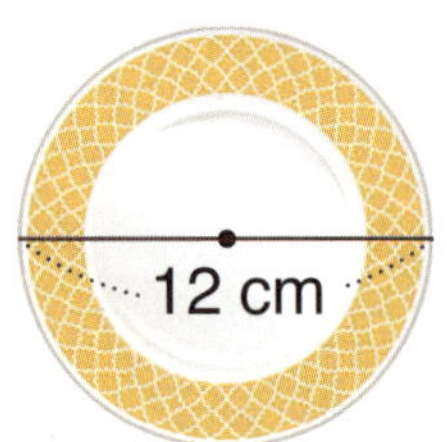

답 ___________

---

3 오른쪽 돌림판의 원주는 279 cm입니다. 이 돌림판의 지름은 몇 cm일까요?

(원주율: 3.1)

답 ___________

---

4 세윤이는 저금통을 만들려고 합니다. 원주가 7.95 cm인 500원짜리 동전이 들어가도록 구멍을 내려면 구멍의 길이는 적어도 몇 cm보다 길어야 할까요? (원주율: 3)

답 ___________

| 여러 원주의 합 구하기 | | 원을 만들어 구하기 |

색칠한 부분의 둘레를 구하세요.

1

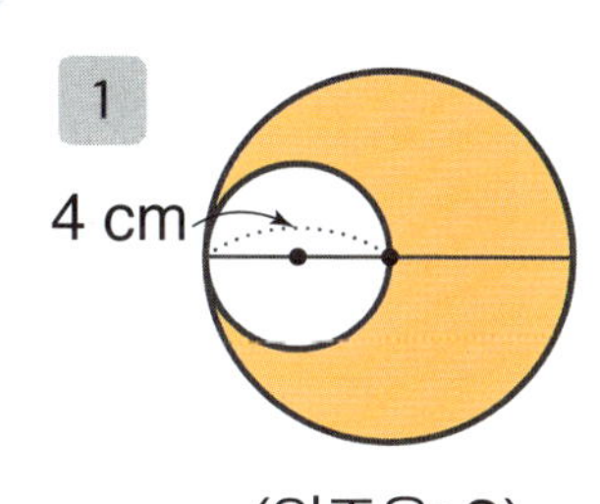

5

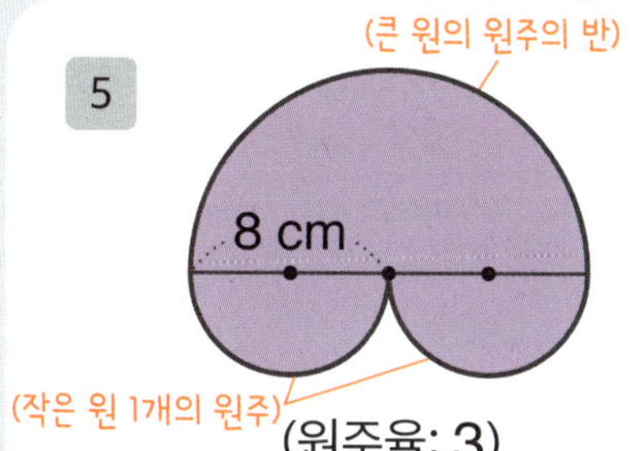

2

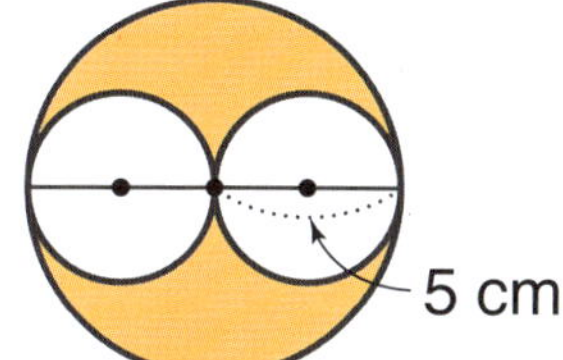

6

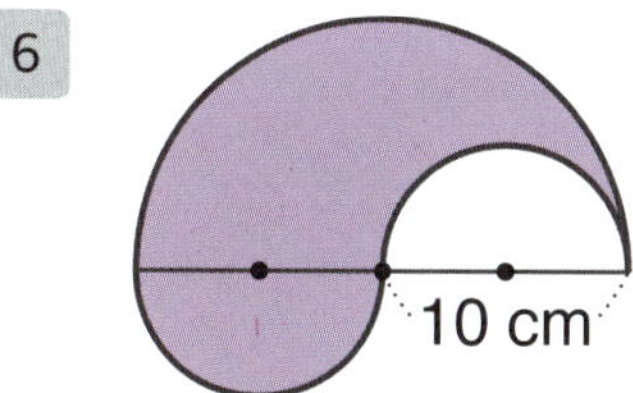

3

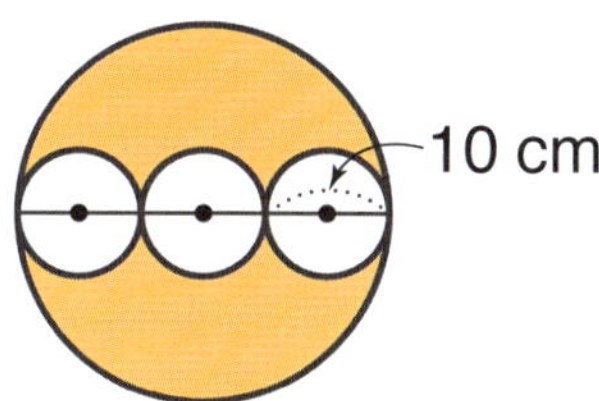

7

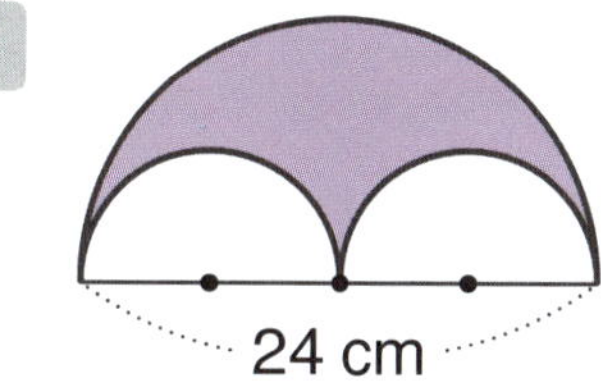

4

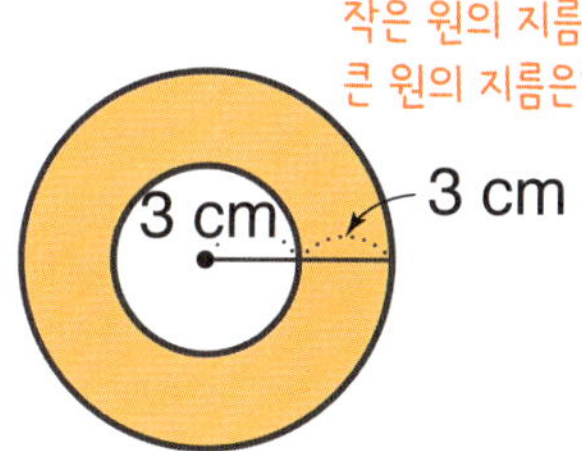

8

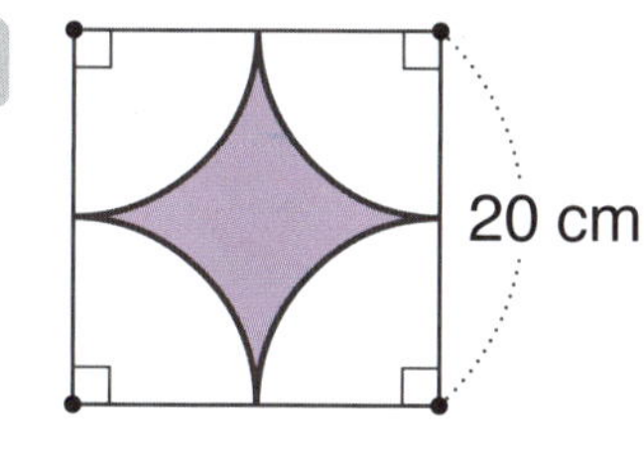

| 직선과 곡선의 합으로 구하기 |

색칠한 부분의 둘레를 구하세요.

1
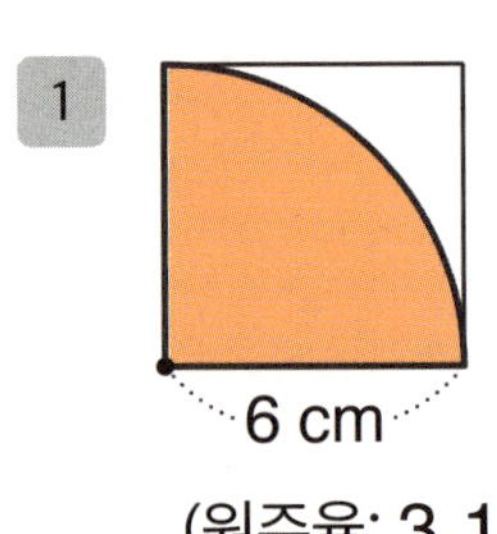
(색칠한 부분의 둘레)
=(곡선 부분)+(직선 부분)
=(원주)÷4+(반지름)×2

6 cm

(원주율: 3.1) ___________

5
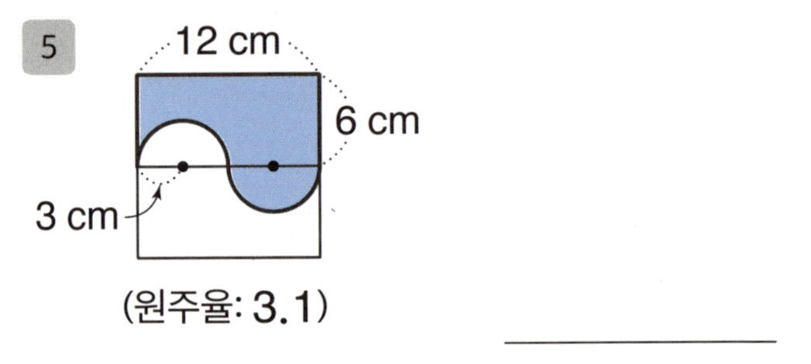

(원주율: 3.1) ___________

2

(원주율: 3) ___________

6
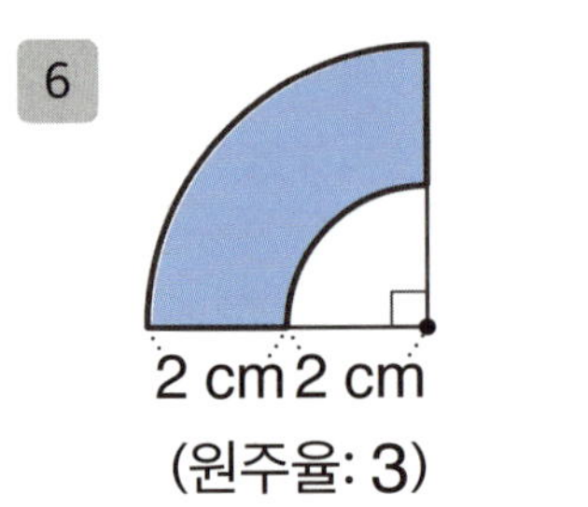

(원주율: 3) ___________

3

(원주율: 3) ___________

7
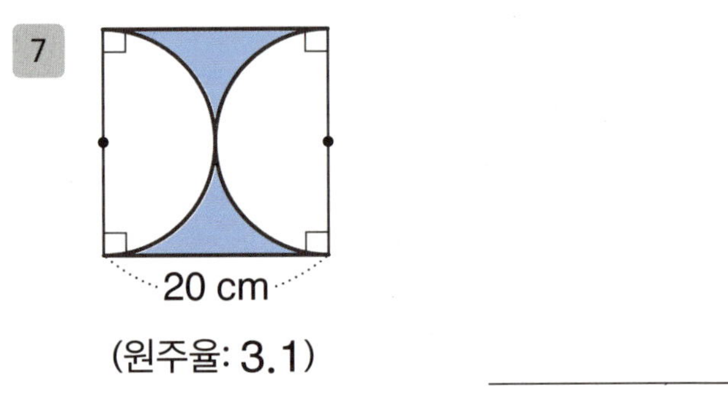

(원주율: 3.1) ___________

4

(원주율: 3.14) ___________

8
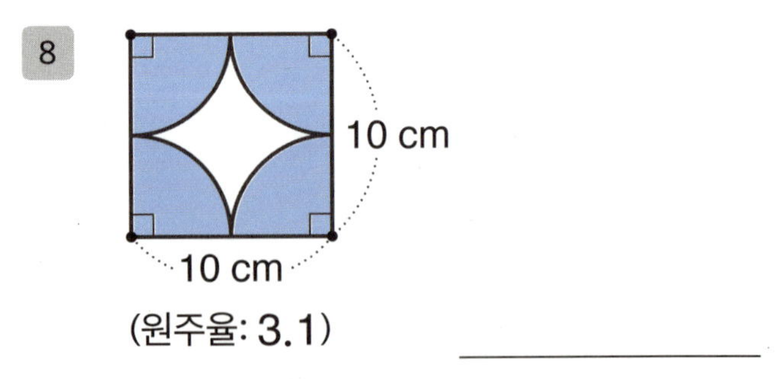

(원주율: 3.1) ___________

원의 넓이 ①

원의 넓이를 구하세요.

1

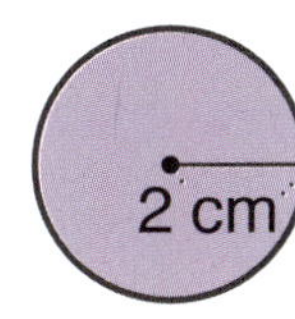

2 cm

(원주율: 3.1)

(원의 넓이)
= (반지름) × (반지름) × (원주율)
= 2 × 2 × 3.1
= 12.4(cm^2)

12.4 cm^2

2

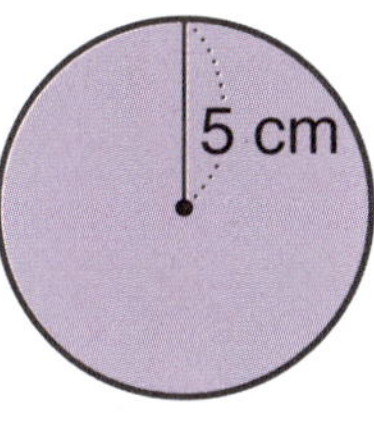

5 cm

(원주율: 3)

3

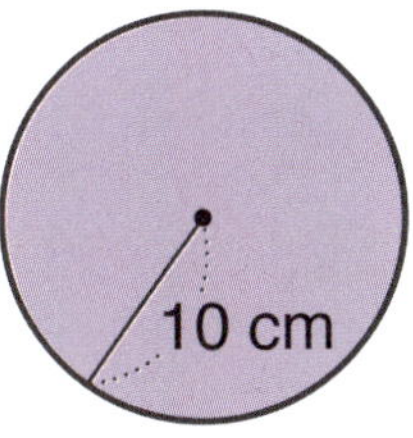

10 cm

(원주율: 3.14)

4

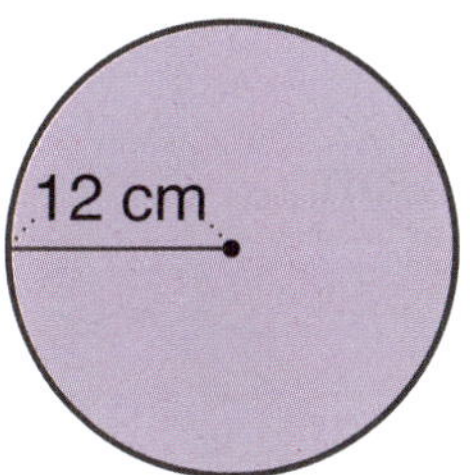

12 cm

(원주율: 3)

5

반지름은 몇 cm일까?

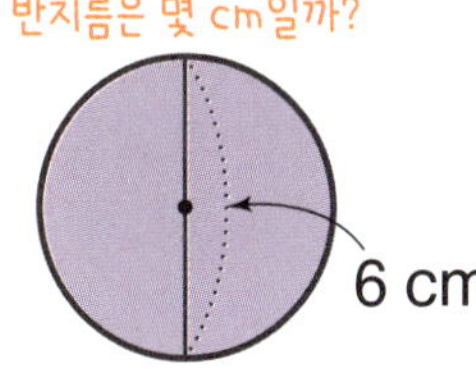

6 cm

(원주율: 3)

6

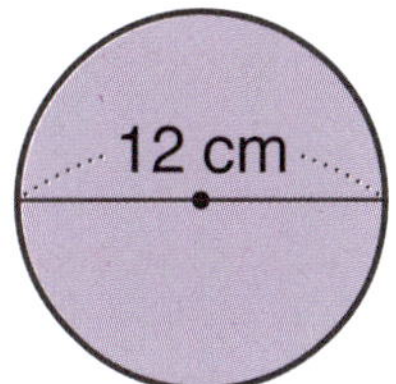

12 cm

(원주율: 3.1)

7

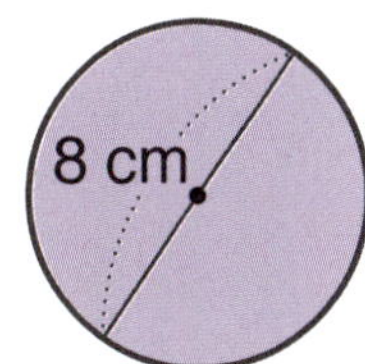

8 cm

(원주율: 3.1)

8

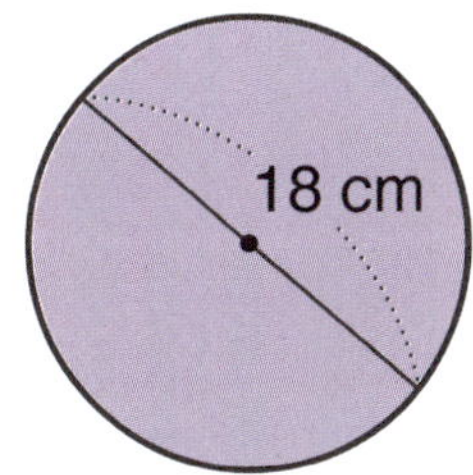

18 cm

(원주율: 3)

원의 넓이를 알 때 반지름 구하기

원의 넓이와 원주율이 다음과 같을 때 □ 안에 알맞은 수를 써넣으세요.

1 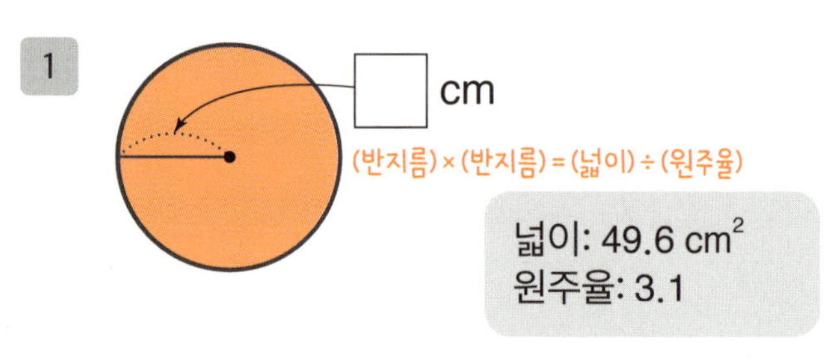

5 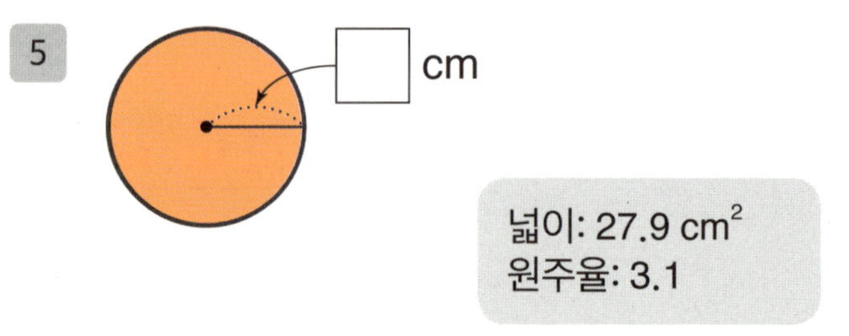

2 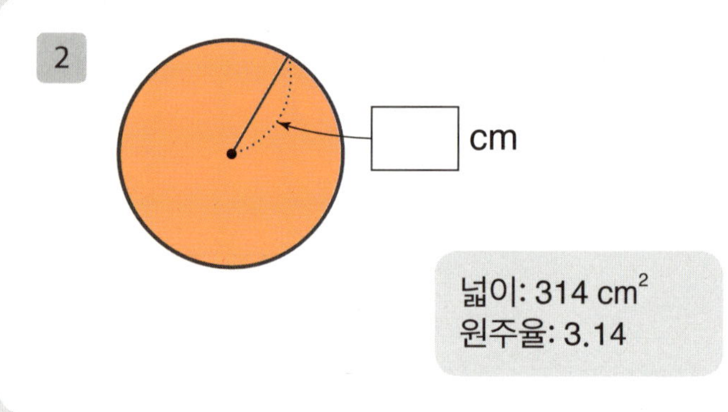

6 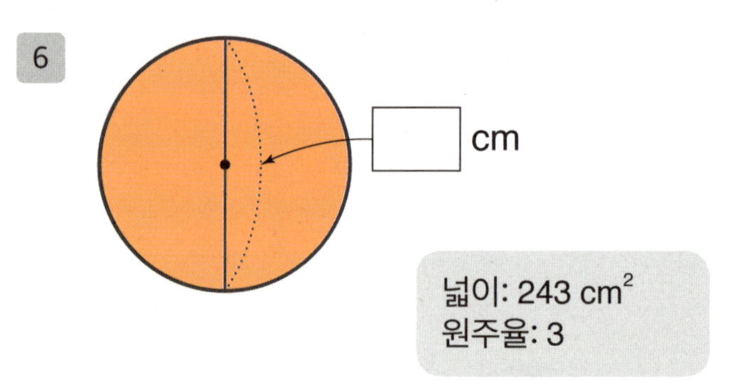

3 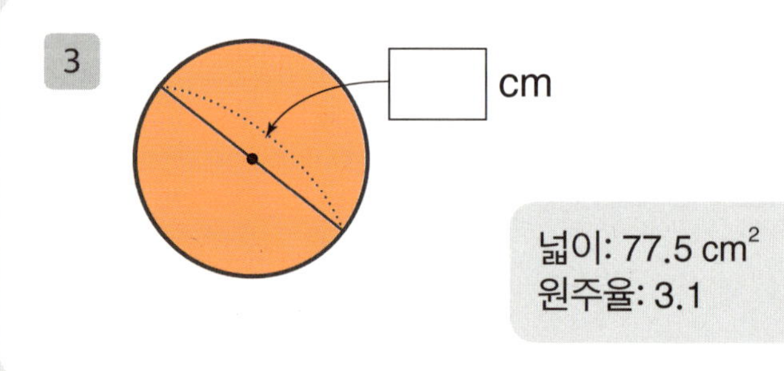

7 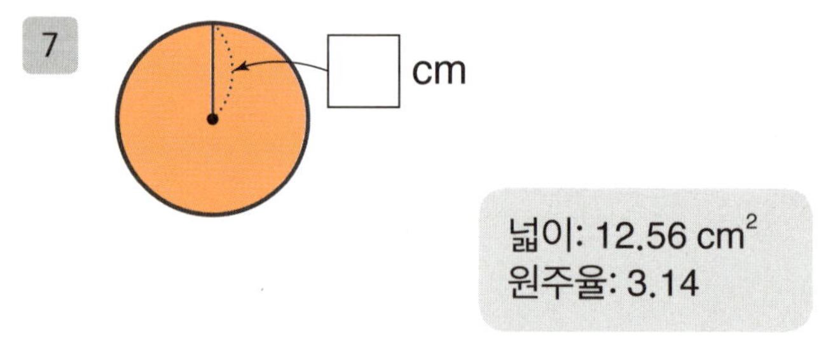

4 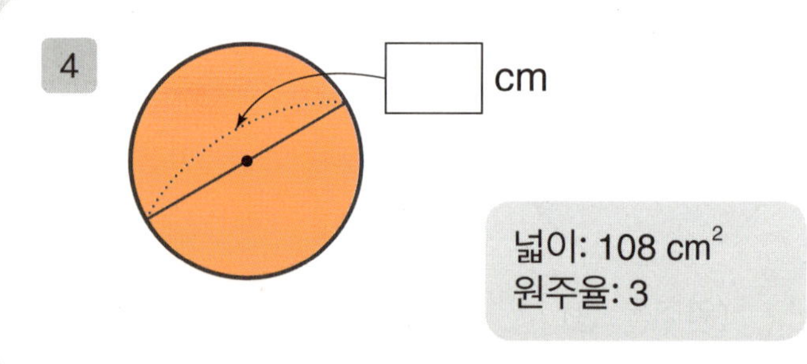

8 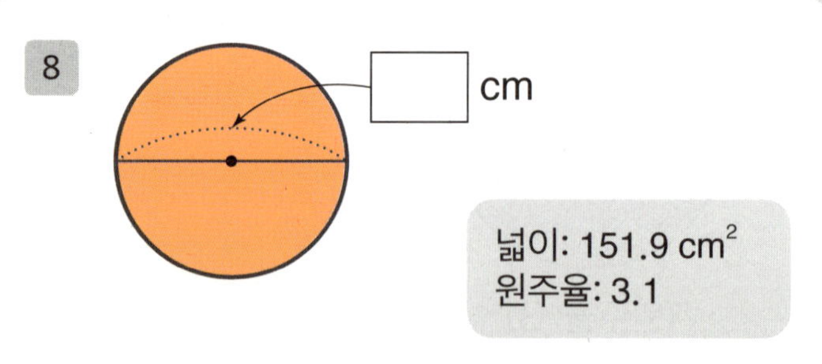

원의 넓이 ②

원의 넓이를 구하세요.

1 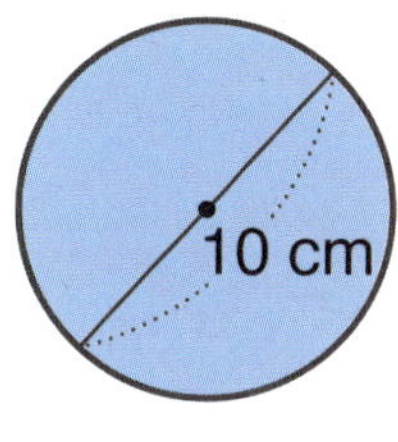

① 반지름: $10 \div 2 = 5 \,(\text{cm})$
② (원의 넓이)
  $= (\text{반지름}) \times (\text{반지름}) \times (\text{원주율})$
  $= 5 \times 5 \times 3$
  $= 75 \,(\text{cm}^2)$

(원주율: 3)

$75 \,\text{cm}^2$

5 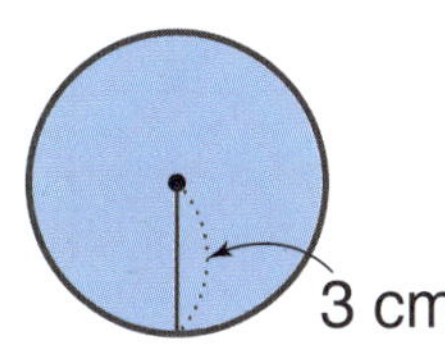

3 cm

(원주율: 3.1)

2 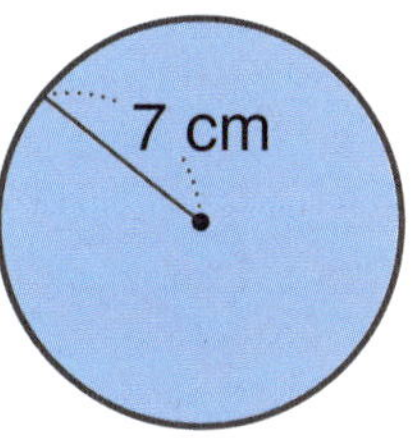

7 cm

(원주율: 3.1)

6 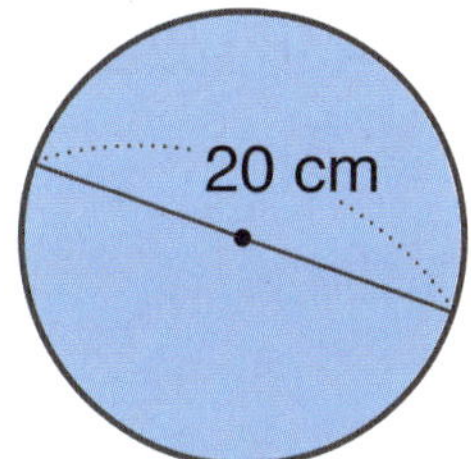

20 cm

(원주율: 3.14)

3 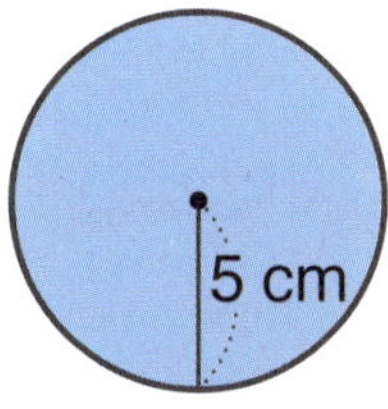

5 cm

(원주율: 3.14)

7 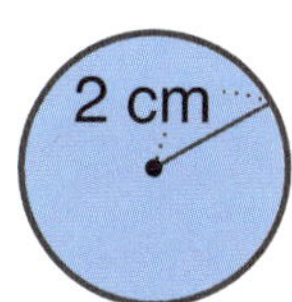

2 cm

(원주율: 3)

4 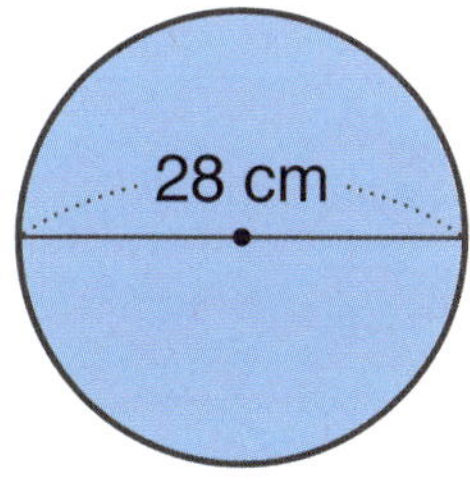

28 cm

(원주율: 3)

8 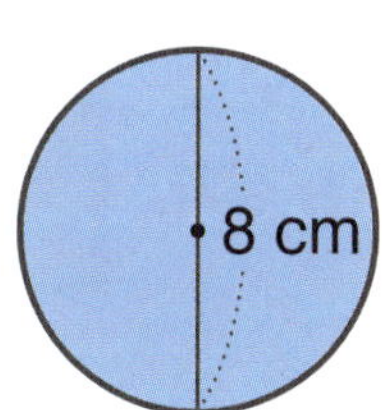

8 cm

(원주율: 3.1)

1 현호가 그림과 같이 컴퍼스를 벌려서 원을 그렸습니다. 그린 원의 넓이는 몇 cm^2일까요? (원주율: 3.14)

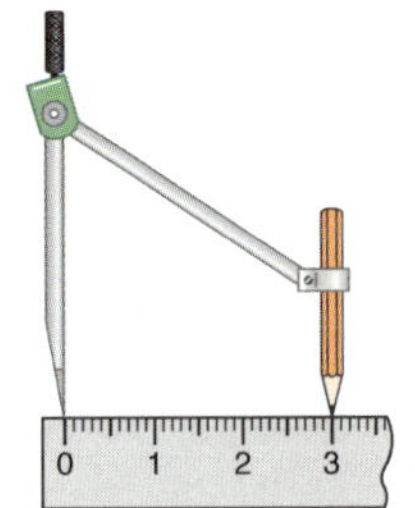

답 _______________

2 반지름이 25 cm인 원 모양의 탁자가 있습니다. 이 탁자의 넓이는 몇 cm^2일까요? (원주율: 3)

답 _______________

3 길벗 농장에는 지름이 12 m인 원 모양의 꽃밭이 있습니다. 이 꽃밭의 넓이는 몇 m^2일까요? (원주율: 3.1)

답 _______________

4 정사각형 모양의 상자에 넓이가 243 cm^2인 원 모양의 피자를 포장하려고 합니다. 상자의 한 변은 적어도 몇 cm보다는 길어야 할까요? (단, 상자의 두께는 생각하지 않습니다.)

(원주율: 3)

피자의 넓이:
243 cm^2

답 _______________

원의 넓이 ③ 여러 가지 원의 넓이 구하기

응용 

| 원의 부분의 넓이 구하기 |

색칠한 부분의 넓이를 구하세요. (원주율: 3)

| 도형을 옮겨서 간단히 구하기 |

1

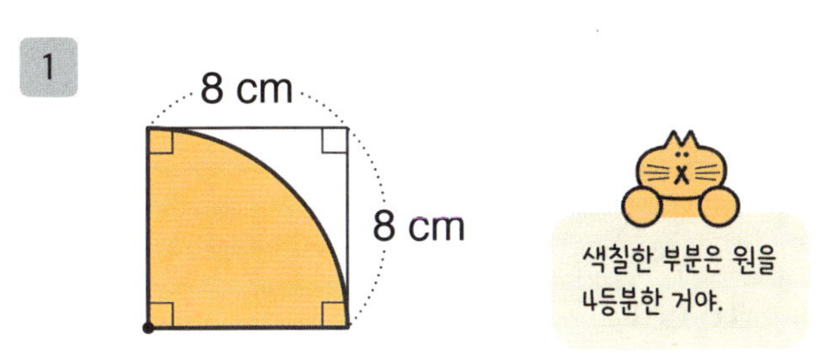

4

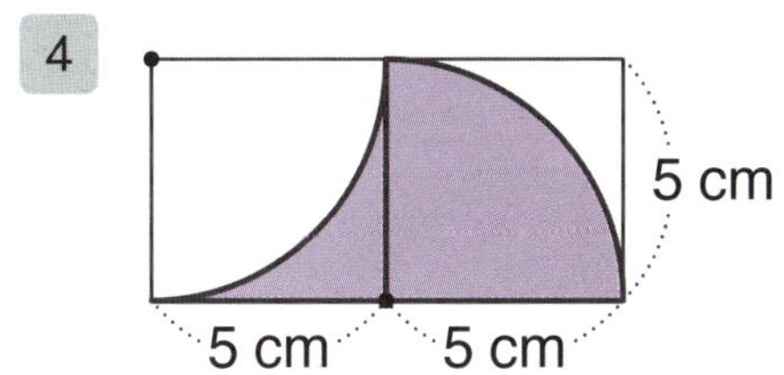

2

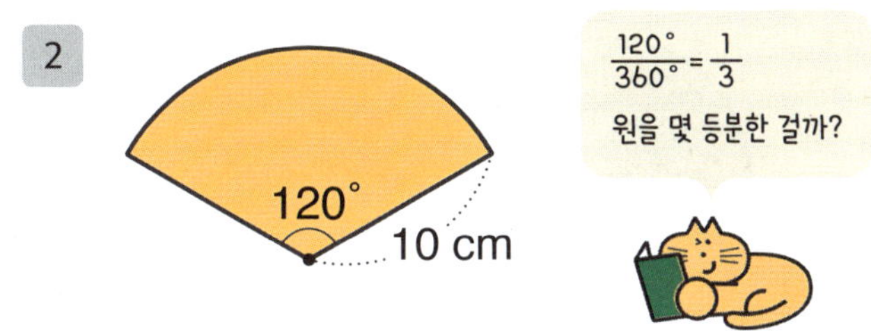

5

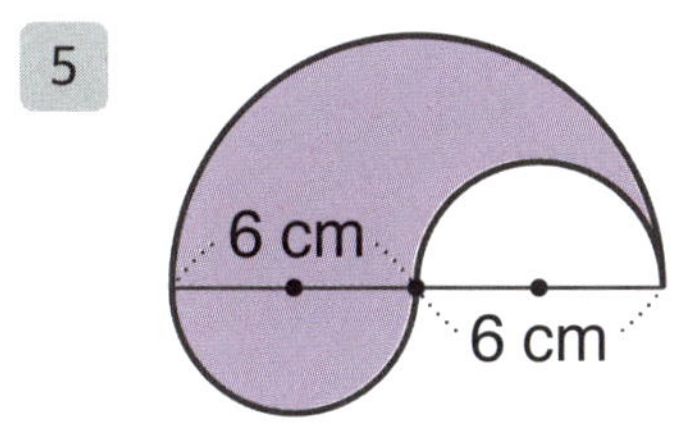

3

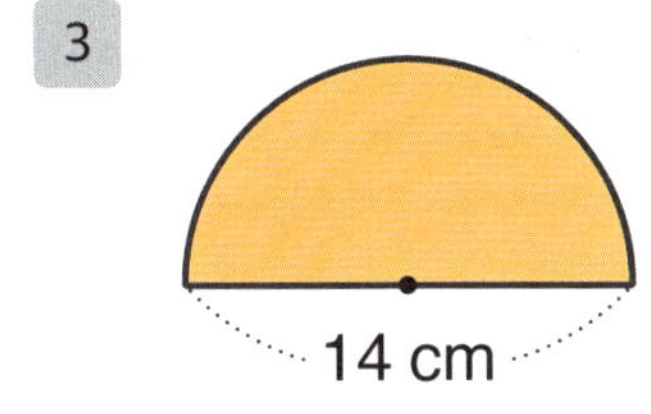

6

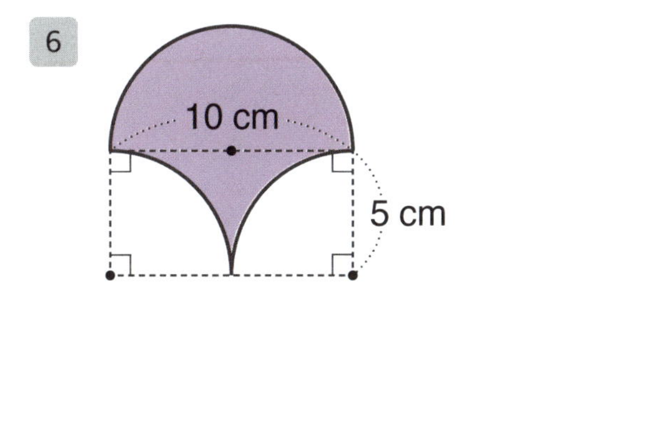

전체 넓이에서 부분의 넓이 빼기

도형을 나누어 구하기

색칠한 부분의 넓이를 구하세요. (원주율: 3)

1

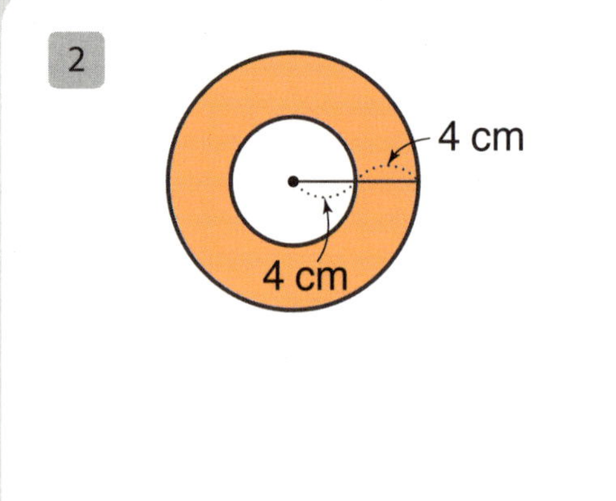

4

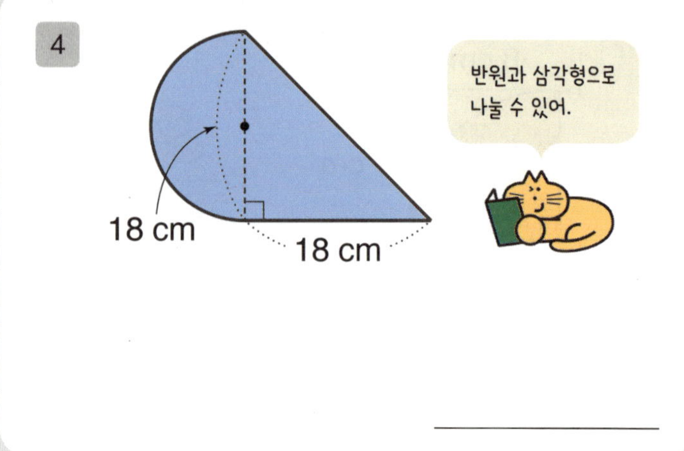

2

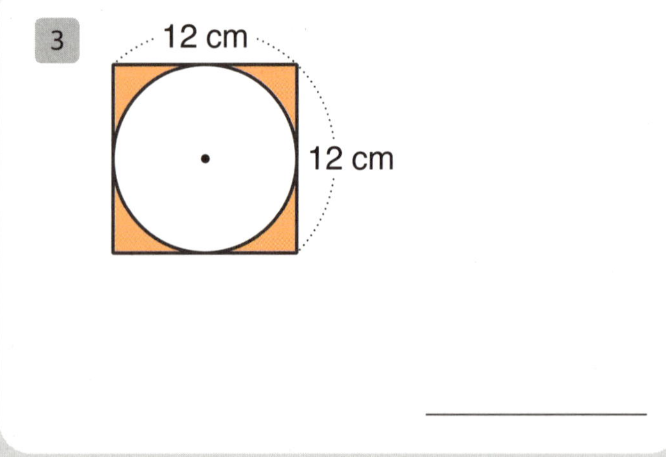

5

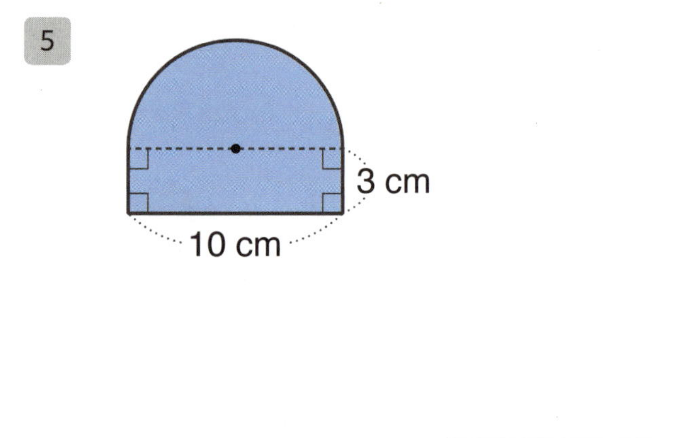

3

6

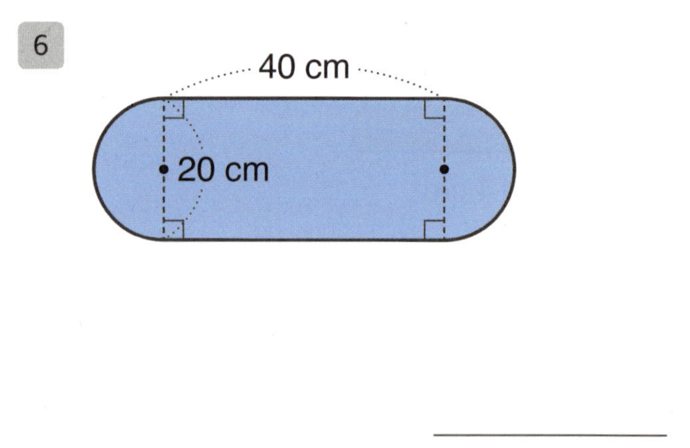

원의 둘레와 넓이 종합 ①

원주와 원의 넓이를 구해 보세요. (원주율: **3.1**)

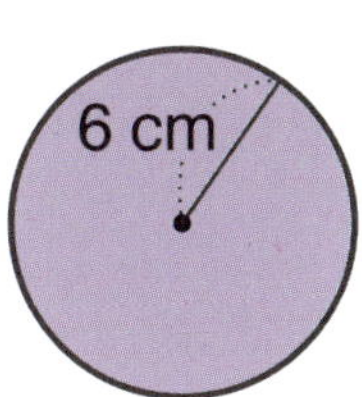

원주 ___________

넓이 ___________

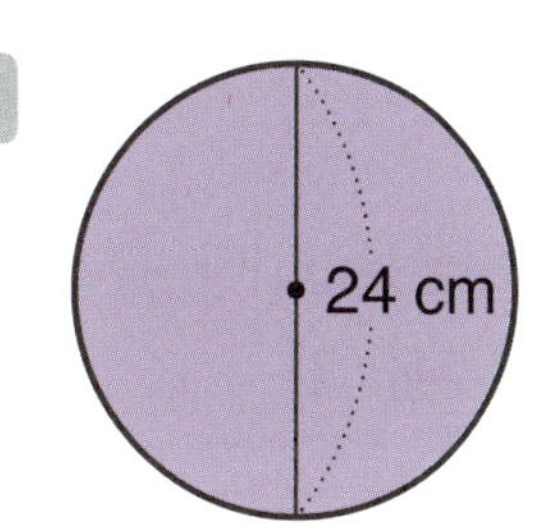

원주 ___________

넓이 ___________

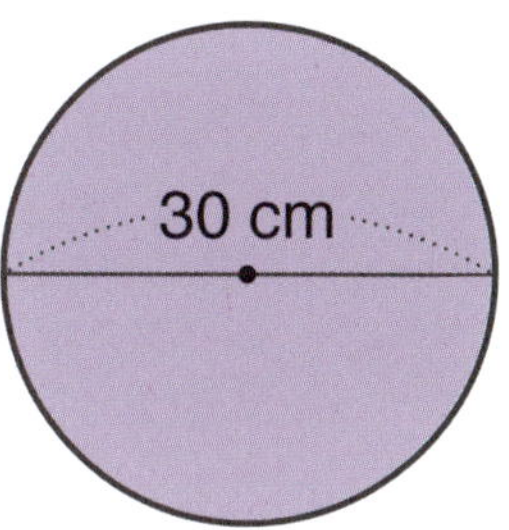

원주 ___________

넓이 ___________

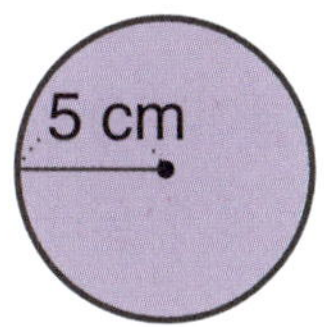

(원주)=(지름)×(원주율)
(원의 넓이)=(반지름)×(반지름)×(원주율)

원주 ___________

넓이 ___________

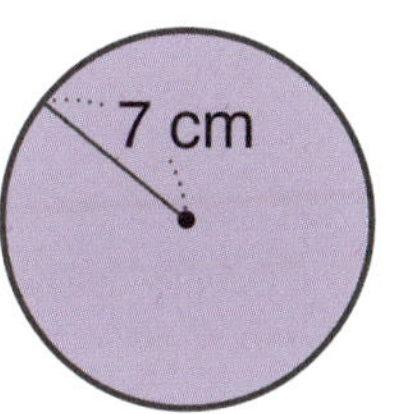

원주 ___________

넓이 ___________

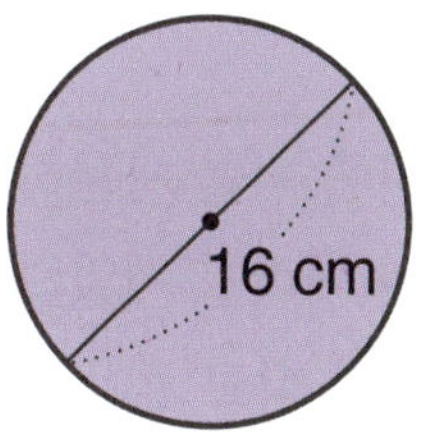

원주 ___________

넓이 ___________

바퀴가 굴러간 거리 구하기

1. 원 모양의 훌라후프를 한 바퀴 굴렸습니다. 훌라후프가 굴러간 거리는 몇 cm일까요? (원주율: 3)

답 _______________

2. 굴렁쇠 굴리기는 원 모양의 철사를 채를 이용하여 굴리는 전래놀이의 하나입니다. 태웅이가 지름이 30 cm인 원 모양의 굴렁쇠를 4바퀴 굴렸을 때 굴렁쇠가 굴러간 거리는 몇 cm일까요? (원주율: 3)

답 _______________

3. 지름이 20 cm인 원 모양의 바퀴 자를 사용하여 학교 정문에서 편의점까지의 거리를 재었습니다. 바퀴가 100바퀴 돌았다면 학교 정문에서 편의점까지의 거리는 몇 cm일까요?
(원주율: 3.14)

답 _______________

원의 둘레와 넓이 종합 ②

원 모양의 물건입니다. 원주와 넓이를 구해 보세요. (원주율: 3)

1

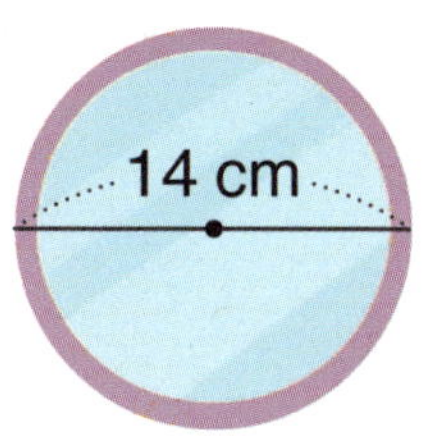

원주 ________________

넓이 ________________

4

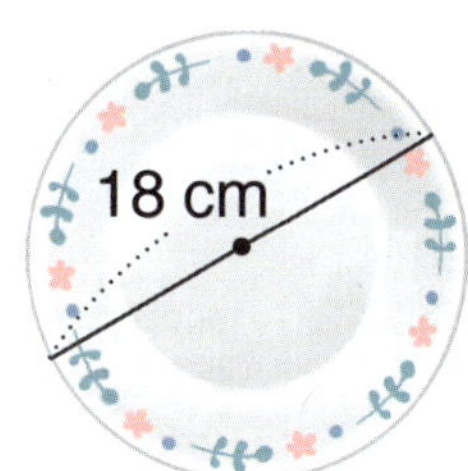

원주 ________________

넓이 ________________

2

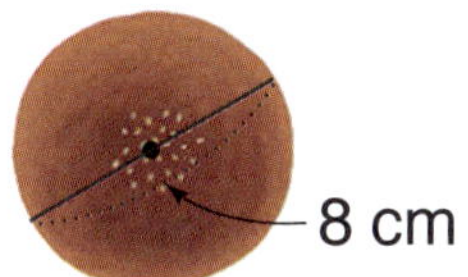

원주 ________________

넓이 ________________

5

원주 ________________

넓이 ________________

3

원주 ________________

넓이 ________________

6

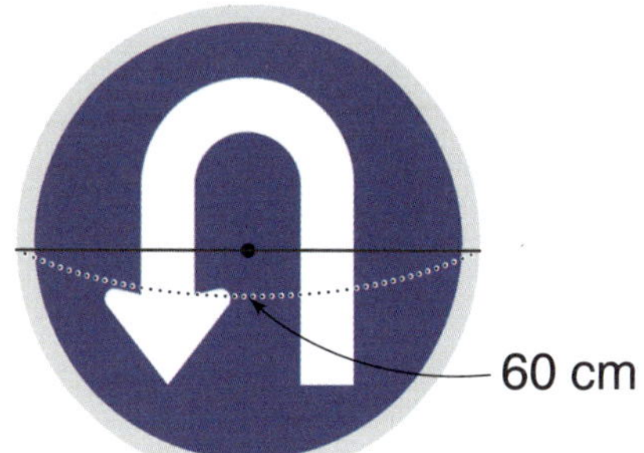

원주 ________________

넓이 ________________

| 소가 풀을 먹을 수 있는 땅의 넓이 구하기 |

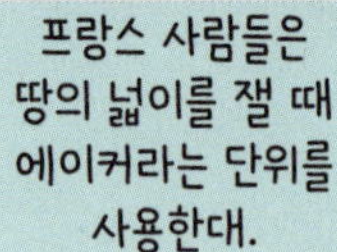

1 직사각형 모양의 울타리 안에 소 **2**마리를 길이가 **4 m**인 줄로 묶어놓았습니다. ㉮ 소는 울타리 한가운데에, ㉯ 소는 울타리의 한 꼭짓점에 묶어놓았습니다. 두 소가 움직여서 풀을 뜯어 먹을 수 있는 땅의 넓이는 각각 최대 몇 **m²**인가요? (단, 소를 묶은 매듭의 길이는 생각하지 않습니다.) (원주율: **3**)

㉮ ＿＿＿＿＿＿＿＿ , ㉯ ＿＿＿＿＿＿＿＿

빈칸에 알맞게 써넣으세요. (원주율: 3.1)

	반지름	지름	원주	원의 넓이
1	50 cm			
2		16 cm		
3	11 cm			
4		20 cm		
5	9 cm			
6		60 cm		
7	20 cm			
8		32 cm		

| 사용한 끈의 길이 구하기 |

1 반지름이 10 cm인 원 2개를 그림과 같이 끈으로 묶으려고 합니다. 끈은 몇 cm 필요할까요? (단, 매듭의 길이는 생각하지 않습니다.) (원주율: 3.14)

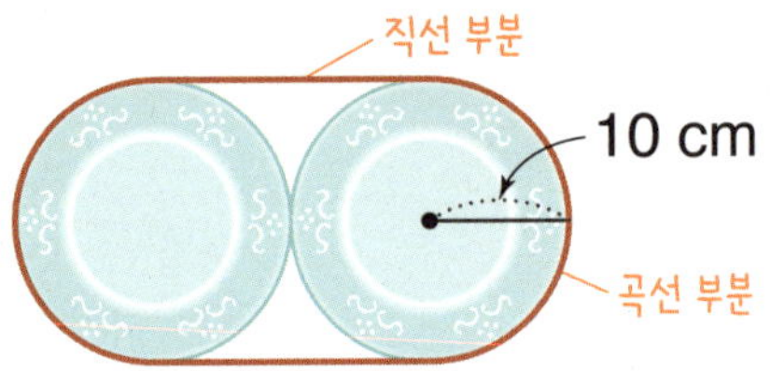

(끈의 길이)
= (곡선 부분) + (직선 부분)
= (반지름이 10 cm인 원의 원주) + (10 cm인 선분) × 4

답 ________________

---

2 바닥에 닿은 면이 반지름이 3 cm이고 원 모양인 음료수 캔 4개를 그림과 같이 끈으로 묶었습니다. 사용한 끈의 길이는 몇 cm일까요? (단, 매듭의 길이는 생각하지 않습니다.)

(원주율: 3)

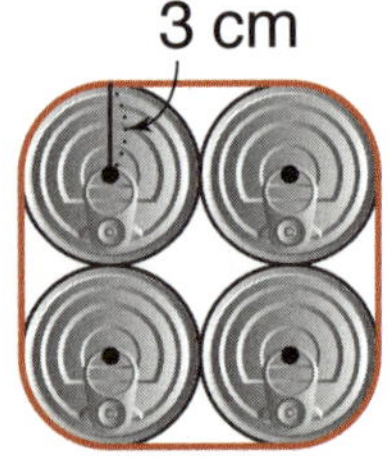

답 ________________

---

3 지름이 2 cm인 원 모양의 단추 3개를 그림과 같이 테이프로 묶으려고 합니다. 필요한 테이프의 길이는 몇 cm일까요? (단, 테이프가 겹치는 부분은 없습니다.) (원주율: 3.1)

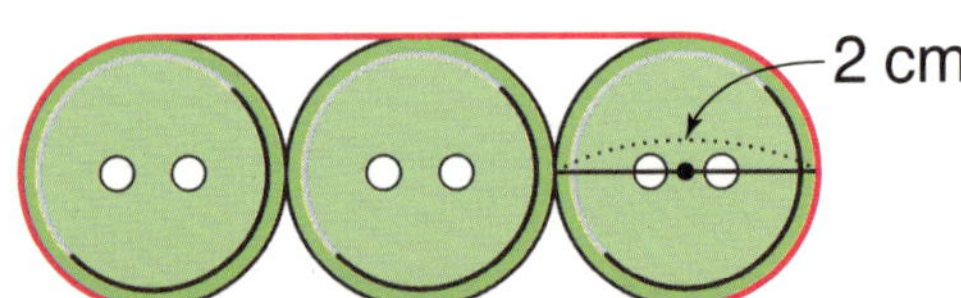

답 ________________

1 원주를 구하세요. (원주율: 3.1)

(1)
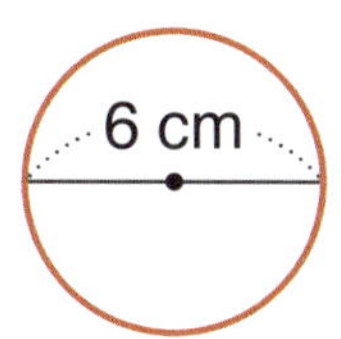

____

(2)
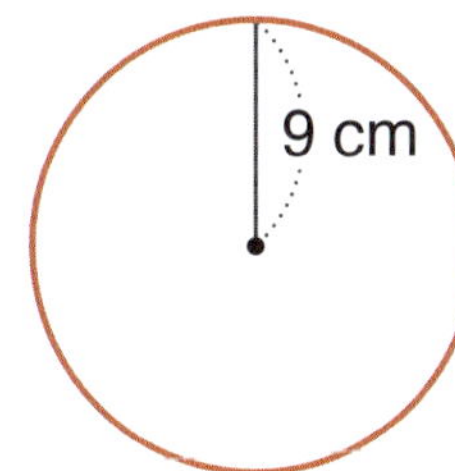

____

(3)
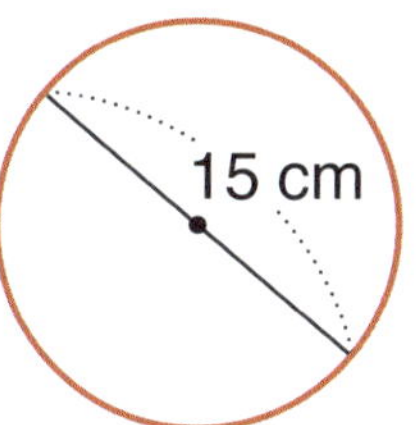

____

(4)
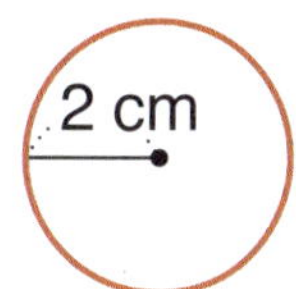

____

2 원의 넓이를 구하세요. (원주율: 3)

(1)
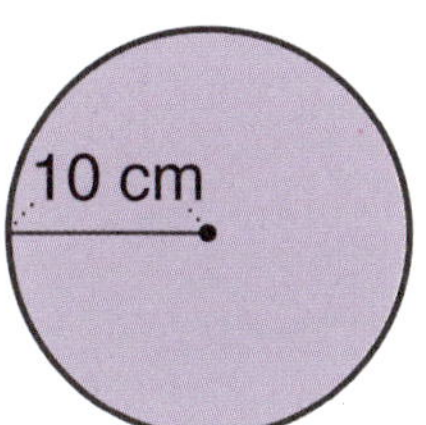

____

(2)
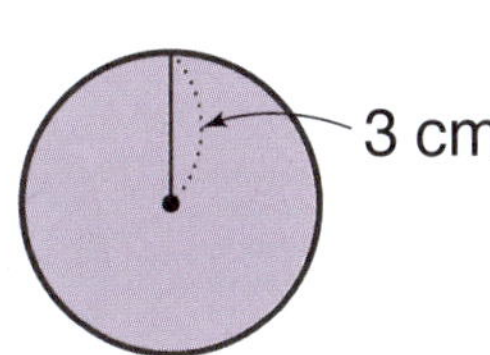

____

(3)
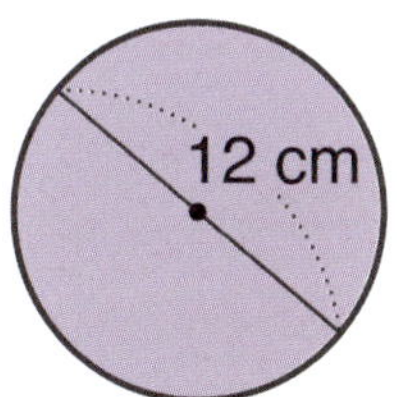

____

(4)
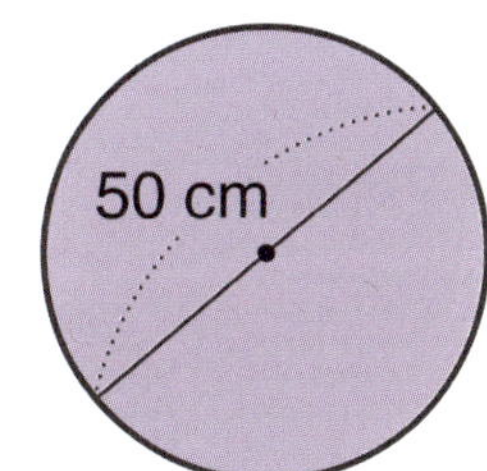

____

3 두 훌라후프의 원주의 차를 구하세요. (원주율: 3.14)

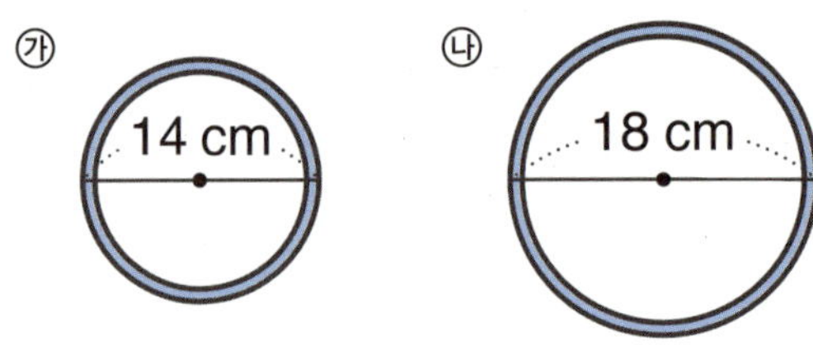

(   )

4 길이가 37.2 cm인 끈으로 가장 큰 원을 만들었습니다. 이 원의 반지름은 몇 cm일까요? (원주율: 3.1)

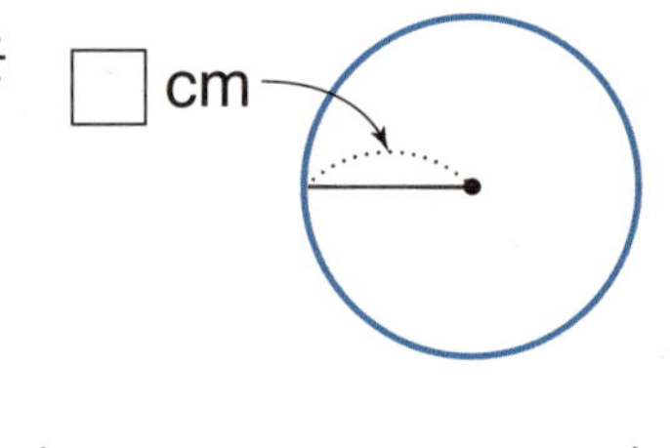

(   )

5 원의 넓이가 192 cm^2일 때 □ 안에 알맞은 수를 써넣으세요. (원주율: 3)

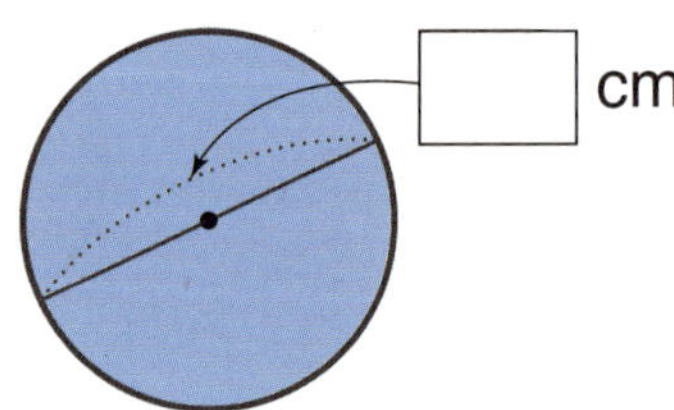

6 색칠한 부분의 넓이를 구하세요.

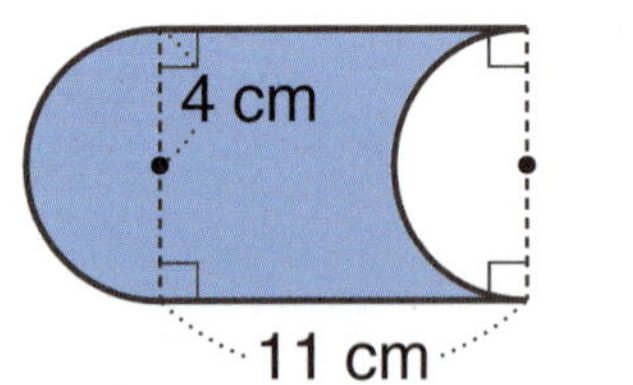

(   )

앗!

본책의 정답과 풀이를 분실하셨나요?
길벗스쿨 홈페이지에 들어오시면 내려받으실 수 있습니다.
https://school.gilbut.co.kr/

기적의 계산법 응용 UP

정답과 풀이

초등 6학년 12권

12권

01 분수의 나눗셈

DAY 1

11쪽
12쪽

연산 UP

1	2	7	9
2	4	8	4
3	3	9	2
4	3	10	3
5	2	11	2
6	3	12	7

응용 UP

1. 식 $\dfrac{14}{15} \div \dfrac{2}{15} = 7$ 답 7개

2. 식 $\dfrac{33}{40} \div \dfrac{11}{40} = 3$ 답 3개

3. 식 $\dfrac{15}{16} \div \dfrac{3}{16} = 5$ 답 5개

4. 식 $\dfrac{9}{10} \div \dfrac{1}{10} = 9$ 답 9일

5. 식 $\dfrac{20}{21} \div \dfrac{5}{21} = 4$ 답 4배

DAY 2

13쪽
14쪽

연산 UP

1	$3\dfrac{1}{2}$	7	$\dfrac{4}{5}$
2	$1\dfrac{3}{5}$	8	$\dfrac{5}{6}$
3	$2\dfrac{1}{2}$	9	$2\dfrac{2}{3}$
4	$1\dfrac{3}{4}$	10	$1\dfrac{1}{2}$
5	$1\dfrac{4}{5}$	11	$\dfrac{4}{7}$
6	$2\dfrac{1}{8}$	12	$2\dfrac{1}{11}$

응용 UP

1. 식 $\dfrac{9}{11} \div \dfrac{5}{11} = 1\dfrac{4}{5}$ 답 $1\dfrac{4}{5}$배

2. 식 $\dfrac{13}{15} \div \dfrac{2}{15} = 6\dfrac{1}{2}$ 답 $6\dfrac{1}{2}$컵

3. 식 $\dfrac{5}{7} \div \dfrac{3}{7} = 1\dfrac{2}{3}$ 답 $1\dfrac{2}{3}$배

4. 식 $\dfrac{21}{25} \div \dfrac{6}{25} = 3\dfrac{1}{2}$ 답 4번

응용 UP 2. (전체 소금의 양) ÷ (한 컵에 담을 수 있는 소금의 양)

$$= \dfrac{13}{15} \div \dfrac{2}{15} = 13 \div 2 = \dfrac{13}{2} = 6\dfrac{1}{2} \text{(컵)}$$

3. (멜론의 무게) ÷ (사과의 무게) $= \dfrac{5}{7} \div \dfrac{3}{7} = 5 \div 3 = \dfrac{5}{3} = 1\dfrac{2}{3}$ (배)

4. $\dfrac{21}{25} \div \dfrac{6}{25} = 21 \div 6 = \dfrac{21}{6} = \dfrac{7}{2} = 3\dfrac{1}{2}$

따라서 $3 + 1 = 4$(번) 부어야 가득 찹니다.

연산 UP

1	20	7	28
2	20	8	27
3	15	9	22
4	8	10	40
5	28	11	6
6	36	12	36

응용 UP

1 식 $3 \div \dfrac{1}{8} = 24$ 답 24조각

2 식 $10 \div \dfrac{2}{5} = 25$ 답 25개

3 식 $6 \div \dfrac{3}{10} = 20$ 답 20명

4 식 $4 \div \dfrac{2}{7} = 14$ 답 14도막

5 식 $15 \div \dfrac{3}{4} = 20$ 답 20개

연산 UP

2 $8 \div \dfrac{2}{5} = \overset{4}{8} \times \dfrac{5}{\underset{1}{2}} = 20$

3 $10 \div \dfrac{2}{3} = \overset{5}{10} \times \dfrac{3}{\underset{1}{2}} = 15$

4 $4 \div \dfrac{1}{2} = 4 \times \dfrac{2}{1} = 8$

5 $24 \div \dfrac{6}{7} = \overset{4}{24} \times \dfrac{7}{\underset{1}{6}} = 28$

6 $27 \div \dfrac{3}{4} = \overset{9}{27} \times \dfrac{4}{\underset{1}{3}} = 36$

7 $16 \div \dfrac{4}{7} = \overset{4}{16} \times \dfrac{7}{\underset{1}{4}} = 28$

8 $24 \div \dfrac{8}{9} = \overset{3}{24} \times \dfrac{9}{\underset{1}{8}} = 27$

9 $8 \div \dfrac{4}{11} = \overset{2}{8} \times \dfrac{11}{\underset{1}{4}} = 22$

10 $25 \div \dfrac{5}{8} = \overset{5}{25} \times \dfrac{8}{\underset{1}{5}} = 40$

11 $5 \div \dfrac{5}{6} = \overset{1}{5} \times \dfrac{6}{\underset{1}{5}} = 6$

12 $16 \div \dfrac{4}{9} = \overset{4}{16} \times \dfrac{9}{\underset{1}{4}} = 36$

응용 UP

1 (자른 피자의 조각 수) $= 3 \div \dfrac{1}{8} = 3 \times 8 = 24$(조각)

2 (전체 리본 길이) ÷ (상자 한 개를 묶는 데 필요한 길이) $= 10 \div \dfrac{2}{5} = \overset{5}{10} \times \dfrac{5}{\underset{1}{2}} = 25$(개)

3 (전체 지점토의 양) ÷ (한 사람에게 나누어 주는 양) $= 6 \div \dfrac{3}{10} = \overset{2}{6} \times \dfrac{10}{\underset{1}{3}} = 20$(명)

4 (나무 막대 전체 길이) ÷ (한 도막의 길이) $= 4 \div \dfrac{2}{7} = \overset{2}{4} \times \dfrac{7}{\underset{1}{2}} = 14$(도막)

5 (전체 참기름의 양) ÷ (한 병에 담을 양) $= 15 \div \dfrac{3}{4} = \overset{5}{15} \times \dfrac{4}{\underset{1}{3}} = 20$(개)

연산 UP

1. $2\dfrac{2}{9}$

2. $\dfrac{15}{16}$

3. $\dfrac{3}{8}$

4. $\dfrac{18}{35}$

5. $1\dfrac{1}{5}$

6. $\dfrac{9}{14}$

7. $5\dfrac{5}{8}$

8. $3\dfrac{1}{2}$

9. 2

10. $7\dfrac{1}{2}$

11. $4\dfrac{2}{5}$

12. $1\dfrac{1}{2}$

13. $1\dfrac{13}{15}$

응용 UP

1. 식 $\dfrac{8}{9}\div\dfrac{1}{45}=40$ 　답 40개

2. 식 $\dfrac{24}{5}\div\dfrac{3}{10}=16$ 　답 16일

3. 식 우현: $\dfrac{21}{25}\div\dfrac{3}{8}=2\dfrac{6}{25}$,

   다정: $\dfrac{4}{5}\div\dfrac{7}{30}=3\dfrac{3}{7}$

   답 $2\dfrac{6}{25}$ km, $3\dfrac{3}{7}$ km

4. 식 $\dfrac{16}{3}\div\dfrac{4}{9}=12$ 　답 12명

연산 UP

6. $\dfrac{4}{7}\div\dfrac{8}{9}=\dfrac{\cancel{4}}{7}\times\dfrac{9}{\cancel{8}_{2}}=\dfrac{9}{14}$

7. $\dfrac{5}{4}\div\dfrac{2}{9}=\dfrac{5}{4}\times\dfrac{9}{2}=\dfrac{45}{8}=5\dfrac{5}{8}$

12. $\dfrac{9}{8}\div\dfrac{3}{4}=\dfrac{\cancel{9}^{3}}{\cancel{8}_{2}}\times\dfrac{\cancel{4}^{1}}{\cancel{3}_{1}}=\dfrac{3}{2}=1\dfrac{1}{2}$

13. $\dfrac{7}{6}\div\dfrac{5}{8}=\dfrac{7}{\cancel{6}_{3}}\times\dfrac{\cancel{8}^{4}}{5}=\dfrac{28}{15}=1\dfrac{13}{15}$

응용 UP

1. (전체 밀가루 양)÷(한 개를 만드는 데 필요한 양)$=\dfrac{8}{9}\div\dfrac{1}{45}=\dfrac{8}{\cancel{9}_{1}}\times\cancel{45}^{5}=40$(개)

2. (전체 쌀의 양)÷(하루에 먹는 양)$=\dfrac{24}{5}\div\dfrac{3}{10}=\dfrac{\cancel{24}^{8}}{\cancel{5}_{1}}\times\dfrac{\cancel{10}^{2}}{\cancel{3}_{1}}=16$(일)

3. (한 시간 동안 갈 수 있는 거리)=(전체 거리)÷(걸린 시간)이므로

   우현: $\dfrac{21}{25}\div\dfrac{3}{8}=\dfrac{\cancel{21}^{7}}{25}\times\dfrac{8}{\cancel{3}_{1}}=\dfrac{56}{25}=2\dfrac{6}{25}$(km)

   다정: $\dfrac{4}{5}\div\dfrac{7}{30}=\dfrac{4}{\cancel{5}_{1}}\times\dfrac{\cancel{30}^{6}}{7}=\dfrac{24}{7}=3\dfrac{3}{7}$(km)

4. (나누어 줄 수 있는 학생 수)

   =(전체 찰흙의 무게)÷(학생 한 명에게 나누어 주는 찰흙의 무게)

   $=\dfrac{16}{3}\div\dfrac{4}{9}=\dfrac{\cancel{16}^{4}}{\cancel{3}_{1}}\times\dfrac{\cancel{9}^{3}}{\cancel{4}_{1}}=12$(명)

연산 UP

1   $3\dfrac{3}{5}$

2   $3\dfrac{1}{3}$

3   14

4   2

5   $16\dfrac{1}{2}$

6   $1\dfrac{5}{9}$

7   $\dfrac{10}{63}$

8   $\dfrac{21}{40}$

9   $\dfrac{2}{15}$

10   $\dfrac{7}{12}$

11   $\dfrac{2}{5}$

12   $\dfrac{5}{18}$

13   $\dfrac{7}{18}$

응용 UP

1   4 m

2   $2\dfrac{1}{7}$ cm

3   $1\dfrac{1}{3}$ m   **바로개념** ▶ 2, (밑변)

4   $\dfrac{4}{5}$ cm   **바로개념** ▶ 2

연산 UP

2   $1\dfrac{2}{3} \div \dfrac{1}{2} = \dfrac{5}{3} \div \dfrac{1}{2} = \dfrac{5}{3} \times \dfrac{2}{1} = \dfrac{10}{3} = 3\dfrac{1}{3}$

3   $3\dfrac{1}{2} \div \dfrac{1}{4} = \dfrac{7}{2} \div \dfrac{1}{4} = \dfrac{7}{\overset{1}{\cancel{2}}} \times \overset{2}{\cancel{4}} = 14$

4   $1\dfrac{3}{4} \div \dfrac{7}{8} = \dfrac{7}{4} \div \dfrac{7}{8} = \dfrac{\overset{1}{\cancel{7}}}{\underset{1}{\cancel{4}}} \times \dfrac{\overset{2}{\cancel{8}}}{\underset{1}{\cancel{7}}} = 2$

5   $1\dfrac{5}{6} \div \dfrac{1}{9} = \dfrac{11}{6} \div \dfrac{1}{9} = \dfrac{11}{\underset{2}{\cancel{6}}} \times \dfrac{\overset{3}{\cancel{9}}}{1} = \dfrac{33}{2} = 16\dfrac{1}{2}$

6   $1\dfrac{1}{3} \div \dfrac{6}{7} = \dfrac{4}{3} \div \dfrac{6}{7} = \dfrac{4}{3} \times \dfrac{7}{\underset{3}{\cancel{6}}} = \dfrac{14}{9} = 1\dfrac{5}{9}$

7   $\dfrac{4}{7} \div 3\dfrac{3}{5} = \dfrac{4}{7} \div \dfrac{18}{5} = \dfrac{\overset{2}{\cancel{4}}}{7} \times \dfrac{5}{\underset{9}{\cancel{18}}} = \dfrac{10}{63}$

8   $\dfrac{7}{8} \div 1\dfrac{2}{3} = \dfrac{7}{8} \div \dfrac{5}{3} = \dfrac{7}{8} \times \dfrac{3}{5} = \dfrac{21}{40}$

9   $\dfrac{7}{9} \div 5\dfrac{5}{6} = \dfrac{7}{9} \div \dfrac{35}{6} = \dfrac{\overset{1}{\cancel{7}}}{\underset{3}{\cancel{9}}} \times \dfrac{\overset{2}{\cancel{6}}}{\underset{5}{\cancel{35}}} = \dfrac{2}{15}$

10   $\dfrac{3}{4} \div 1\dfrac{2}{7} = \dfrac{3}{4} \div \dfrac{9}{7} = \dfrac{\overset{1}{\cancel{3}}}{4} \times \dfrac{7}{\underset{3}{\cancel{9}}} = \dfrac{7}{12}$

11   $\dfrac{3}{5} \div 1\dfrac{1}{2} = \dfrac{3}{5} \div \dfrac{3}{2} = \dfrac{\overset{1}{\cancel{3}}}{5} \times \dfrac{2}{\underset{1}{\cancel{3}}} = \dfrac{2}{5}$

12   $\dfrac{8}{9} \div 3\dfrac{1}{5} = \dfrac{8}{9} \div \dfrac{16}{5} = \dfrac{\overset{1}{\cancel{8}}}{9} \times \dfrac{5}{\underset{2}{\cancel{16}}} = \dfrac{5}{18}$

13   $\dfrac{5}{6} \div 2\dfrac{1}{7} = \dfrac{5}{6} \div \dfrac{15}{7} = \dfrac{\overset{1}{\cancel{5}}}{6} \times \dfrac{7}{\underset{3}{\cancel{15}}} = \dfrac{7}{18}$

응용 UP

1   (가로)＝(직사각형의 넓이)÷(세로)

$= 3\dfrac{1}{3} \div \dfrac{5}{6} = \dfrac{10}{3} \div \dfrac{5}{6} = \dfrac{\overset{2}{\cancel{10}}}{\underset{1}{\cancel{3}}} \times \dfrac{\overset{2}{\cancel{6}}}{\underset{1}{\cancel{5}}} = 4\,(\text{m})$

2   (밑변)＝(평행사변형의 넓이)÷(높이)$= 1\dfrac{2}{7} \div \dfrac{3}{5} = 2\dfrac{1}{7}\,(\text{cm})$

3   (높이)＝(삼각형의 넓이)$\times 2 \div$(밑변)$= \dfrac{7}{9} \times 2 \div 1\dfrac{1}{6} = 1\dfrac{1}{3}\,(\text{m})$

4   (다른 대각선의 길이)＝(마름모의 넓이)$\times 2 \div$(한 대각선의 길이)

$= \dfrac{9}{10} \times 2 \div 2\dfrac{1}{4} = \dfrac{4}{5}\,(\text{cm})$

연산 UP

1. $\dfrac{14}{15}$

2. $\dfrac{20}{49}$

3. $\dfrac{50}{69}$

4. $\dfrac{13}{15}$

5. $1\dfrac{4}{21}$

6. $2\dfrac{2}{5}$

7. $1\dfrac{1}{3}$

8. $1\dfrac{2}{3}$

9. $1\dfrac{1}{9}$

10. $2\dfrac{1}{42}$

11. $\dfrac{15}{28}$

12. $\dfrac{6}{7}$

13. $1\dfrac{5}{7}$

응용 UP

1. (1) 식 $1\dfrac{1}{4}\div1\dfrac{3}{5}=\dfrac{25}{32}$　답 $\dfrac{25}{32}$배

　 (2) 식 $1\dfrac{3}{5}\div1\dfrac{1}{4}=1\dfrac{7}{25}$　답 $1\dfrac{7}{25}$배

2. (1) 식 $\dfrac{5}{6}\div\dfrac{2}{3}=1\dfrac{1}{4}$　답 $1\dfrac{1}{4}$배

　 (2) 식 $\dfrac{2}{3}\div\dfrac{5}{6}=\dfrac{4}{5}$　답 $\dfrac{4}{5}$배

3. (1) 식 $2\dfrac{6}{7}\div5\dfrac{5}{6}=\dfrac{24}{49}$　답 $\dfrac{24}{49}$배

　 (2) 식 $5\dfrac{5}{6}\div2\dfrac{6}{7}=2\dfrac{1}{24}$　답 $2\dfrac{1}{24}$배

4. (1) 식 $2\dfrac{11}{12}\div\dfrac{5}{8}=4\dfrac{2}{3}$　답 $4\dfrac{2}{3}$배

　 (2) 식 $\dfrac{5}{8}\div2\dfrac{11}{12}=\dfrac{3}{14}$　답 $\dfrac{3}{14}$배

연산 UP

3. $4\dfrac{1}{6}\div5\dfrac{3}{4}=\dfrac{25}{6}\div\dfrac{23}{4}=\dfrac{25}{\overset{3}{6}}\times\dfrac{\overset{2}{4}}{23}=\dfrac{50}{69}$

5. $1\dfrac{3}{7}\div1\dfrac{1}{5}=\dfrac{10}{7}\div\dfrac{6}{5}=\dfrac{10}{7}\times\dfrac{5}{\overset{3}{6}}=\dfrac{25}{21}=1\dfrac{4}{21}$

7. $4\dfrac{2}{3}\div3\dfrac{1}{2}=\dfrac{14}{3}\div\dfrac{7}{2}=\dfrac{14}{3}\times\dfrac{2}{\underset{1}{7}}=\dfrac{4}{3}=1\dfrac{1}{3}$

9. $3\dfrac{1}{9}\div2\dfrac{4}{5}=\dfrac{28}{9}\div\dfrac{14}{5}=\dfrac{\overset{2}{28}}{9}\times\dfrac{5}{\underset{1}{14}}=\dfrac{10}{9}=1\dfrac{1}{9}$

11. $1\dfrac{1}{8}\div2\dfrac{1}{10}=\dfrac{9}{8}\div\dfrac{21}{10}=\dfrac{\overset{3}{9}}{\underset{4}{8}}\times\dfrac{\overset{5}{10}}{\underset{7}{21}}=\dfrac{15}{28}$

13. $3\dfrac{5}{7}\div2\dfrac{1}{6}=\dfrac{26}{7}\div\dfrac{13}{6}=\dfrac{\overset{2}{26}}{7}\times\dfrac{6}{\underset{1}{13}}=\dfrac{12}{7}=1\dfrac{5}{7}$

응용 UP

1. (1) (오렌지주스 양)÷(포도주스 양)$=1\dfrac{1}{4}\div1\dfrac{3}{5}=\dfrac{5}{4}\div\dfrac{8}{5}=\dfrac{5}{4}\times\dfrac{5}{8}=\dfrac{25}{32}$ (배)

　 (2) (포도주스 양)÷(오렌지주스 양)$=1\dfrac{3}{5}\div1\dfrac{1}{4}=\dfrac{8}{5}\div\dfrac{5}{4}=\dfrac{8}{5}\times\dfrac{4}{5}=\dfrac{32}{25}=1\dfrac{7}{25}$ (배)

4. (1) (백과사전 무게)÷(동화책 무게)$=2\dfrac{11}{12}\div\dfrac{5}{8}=\dfrac{\overset{7}{35}}{\underset{3}{12}}\times\dfrac{\overset{2}{8}}{\underset{1}{5}}=\dfrac{14}{3}=4\dfrac{2}{3}$ (배)

　 (2) (동화책 무게)÷(백과사전 무게)$=\dfrac{5}{8}\div2\dfrac{11}{12}=\dfrac{5}{8}\div\dfrac{35}{12}=\dfrac{\overset{1}{5}}{\underset{2}{8}}\times\dfrac{\overset{3}{12}}{\underset{7}{35}}=\dfrac{3}{14}$ (배)

연산 UP

1. $1\dfrac{1}{2}$
2. 2
3. $\dfrac{6}{7}$
4. $1\dfrac{8}{27}$
5. $2\dfrac{5}{8}$
6. $\dfrac{2}{3}$
7. $2\dfrac{2}{11}$
8. 6
9. $2\dfrac{1}{3}$
10. $\dfrac{3}{5}$
11. 27
12. 21
13. $1\dfrac{1}{6}$
14. $\dfrac{3}{4}$

응용 UP

1. 예 분모가 같은 분수일 때만 분자끼리 계산해야 합니다. 분모가 다르므로 분모를 같게 하거나 분수의 곱셈으로 나타내어 계산합니다.

$$\dfrac{9}{4} \div \dfrac{3}{5} = \dfrac{\overset{3}{9}}{4} \times \dfrac{5}{\underset{1}{3}} = \dfrac{15}{4} = 3\dfrac{3}{4}$$

2. 예 대분수를 먼저 가분수로 고친 후에 분수의 곱셈으로 나타내어 계산해야 합니다.

$$2\dfrac{1}{2} \div 1\dfrac{3}{4} = \dfrac{5}{2} \div \dfrac{7}{4} = \dfrac{5}{\underset{1}{2}} \times \dfrac{\overset{2}{4}}{7} = \dfrac{10}{7} = 1\dfrac{3}{7}$$

3. 예 나눗셈을 곱셈으로 나타낼 때 나누는 수의 분모와 분자를 바꾸어야 합니다.

$$\dfrac{7}{6} \div \dfrac{2}{3} = \dfrac{7}{\underset{2}{6}} \times \dfrac{\overset{1}{3}}{2} = \dfrac{7}{4} = 1\dfrac{3}{4}$$

연산 UP

1. 2
2. 3
3. $\dfrac{5}{9}$
4. $\dfrac{2}{5}$
5. 65
6. 12
7. $1\dfrac{1}{2}$
8. $1\dfrac{1}{8}$
9. $5\dfrac{2}{5}$
10. $1\dfrac{7}{25}$
11. $7\dfrac{1}{3}$
12. $1\dfrac{1}{3}$
13. $1\dfrac{1}{9}$
14. $\dfrac{35}{36}$

응용 UP

1. $1\dfrac{1}{5}$
2. $\dfrac{2}{9}$
3. $\dfrac{5}{6}$
4. $\dfrac{3}{8}$

응용 UP

3. 어떤 수를 □라 하면

$$\square \times \dfrac{6}{7} = \dfrac{4}{7}, \ \square = \dfrac{4}{7} \div \dfrac{6}{7}, \ \square = \dfrac{2}{3}$$

어떤 수를 $\dfrac{4}{5}$로 나눈 몫은 $\dfrac{2}{3} \div \dfrac{4}{5} = \dfrac{5}{6}$입니다.

4. 어떤 수를 □라 하면

$$\square \times \dfrac{2}{3} = \dfrac{1}{6}, \ \square = \dfrac{1}{6} \div \dfrac{2}{3}, \ \square = \dfrac{1}{4}$$

바르게 계산하면 $\dfrac{1}{4} \div \dfrac{2}{3} = \dfrac{3}{8}$입니다.

연산 UP

1 24

2 $1\frac{5}{11}$

3 18

4 $4\frac{1}{5}$

5 $1\frac{29}{39}$

6 $\frac{1}{3}$

7 $\frac{17}{21}$

8 2

9 $2\frac{2}{3}$

10 $\frac{2}{9}$

11 $2\frac{16}{25}$

12 $2\frac{2}{3}$

13 $1\frac{1}{24}$

14 $4\frac{1}{2}$

응용 UP

1 (1) $1\frac{13}{15}$ kg (2) $\frac{15}{28}$ m

2 (1) $2\frac{1}{2}$ cm (2) $\frac{2}{5}$ 분

3 (1) $10\frac{2}{7}$ km (2) $\frac{7}{72}$ L

응용 UP

1 (1) 1 m의 무게: $1\frac{2}{5} \div \frac{3}{4} = \frac{7}{5} \times \frac{4}{3} = \frac{28}{15} = 1\frac{13}{15}$ (kg)

(2) 1 kg의 길이: $\frac{3}{4} \div 1\frac{2}{5} = \frac{3}{4} \div \frac{7}{5} = \frac{3}{4} \times \frac{5}{7} = \frac{15}{28}$ (m)

2 (1) 1분 동안 가는 거리: $\frac{5}{8} \div \frac{1}{4} = \frac{5}{\overset{}{\underset{2}{8}}} \times \frac{\overset{1}{4}}{1} = \frac{5}{2} = 2\frac{1}{2}$ (cm)

(2) 1 cm를 가는 데 걸리는 시간: $\frac{1}{4} \div \frac{5}{8} = \frac{1}{\underset{1}{4}} \times \frac{\overset{2}{8}}{5} = \frac{2}{5}$ (분)

3 (1) 1 L로 갈 수 있는 거리: $17\frac{1}{7} \div 1\frac{2}{3} = \frac{120}{7} \div \frac{5}{3} = \frac{\overset{24}{120}}{7} \times \frac{3}{\underset{1}{5}} = \frac{72}{7} = 10\frac{2}{7}$ (km)

(2) 1 km를 가는 데 필요한 휘발유 양: $1\frac{2}{3} \div 17\frac{1}{7} = \frac{5}{3} \div \frac{120}{7} = \frac{\overset{1}{5}}{3} \times \frac{7}{\underset{24}{120}} = \frac{7}{72}$ (L)

1 (1) 2　　(2) 6　　(3) 5

　　(4) $1\dfrac{4}{7}$　　(5) $5\dfrac{1}{4}$　　(6) $8\dfrac{1}{3}$

2 (1) $\dfrac{14}{27}$　　(2) $1\dfrac{7}{8}$　　(3) $\dfrac{9}{20}$

　　(4) $3\dfrac{1}{21}$　　(5) $\dfrac{9}{14}$　　(6) $\dfrac{17}{30}$

3 (1) 15　　(2) 10　　(3) 24

4 14일

5 $1\dfrac{3}{4}$ m

6 28

7 $\dfrac{13}{54}$ L

---

1 (3) $\dfrac{15}{26} \div \dfrac{3}{26} = 15 \div 3 = 5$

(4) $\dfrac{11}{12} \div \dfrac{7}{12} = 11 \div 7 = \dfrac{11}{7} = 1\dfrac{4}{7}$

(5) $\dfrac{21}{37} \div \dfrac{4}{37} = 21 \div 4 = \dfrac{21}{4} = 5\dfrac{1}{4}$

(6) $\dfrac{25}{28} \div \dfrac{3}{28} = 25 \div 3 = \dfrac{25}{3} = 8\dfrac{1}{3}$

2 (1) $\dfrac{2}{9} \div \dfrac{3}{7} = \dfrac{2}{9} \times \dfrac{7}{3} = \dfrac{14}{27}$

(2) $\dfrac{3}{4} \div \dfrac{2}{5} = \dfrac{3}{4} \times \dfrac{5}{2} = \dfrac{15}{8} = 1\dfrac{7}{8}$

(3) $\dfrac{3}{8} \div \dfrac{5}{6} = \dfrac{3}{\overset{4}{\underset{}{8}}} \times \dfrac{\overset{3}{6}}{5} = \dfrac{9}{20}$

(4) $2\dfrac{2}{3} \div \dfrac{7}{8} = \dfrac{8}{3} \times \dfrac{8}{7} = \dfrac{64}{21} = 3\dfrac{1}{21}$

(5) $1\dfrac{5}{7} \div 2\dfrac{2}{3} = \dfrac{12}{7} \div \dfrac{8}{3} = \dfrac{\overset{3}{12}}{7} \times \dfrac{3}{\underset{2}{8}} = \dfrac{9}{14}$

(6) $1\dfrac{1}{16} \div 1\dfrac{7}{8} = \dfrac{17}{16} \div \dfrac{15}{8} = \dfrac{17}{\underset{2}{16}} \times \dfrac{\overset{1}{8}}{15} = \dfrac{17}{30}$

3 (1) $10 \div \dfrac{2}{3} = \overset{5}{10} \times \dfrac{3}{\underset{1}{2}} = 15$

(2) $6 \div \dfrac{3}{5} = \overset{2}{6} \times \dfrac{5}{\underset{1}{3}} = 10$

(3) $9 \div \dfrac{3}{8} = \overset{3}{9} \times \dfrac{8}{\underset{1}{3}} = 24$

4 $\dfrac{7}{8} \div \dfrac{1}{16} = \dfrac{7}{\underset{1}{8}} \times \dfrac{\overset{2}{16}}{1} = 14(일)$

5 (세로)=(직사각형의 넓이)÷(가로)$= 1\dfrac{5}{9} \div \dfrac{8}{9} = \dfrac{\overset{7}{14}}{\underset{1}{9}} \times \dfrac{\overset{1}{9}}{\underset{4}{8}} = \dfrac{7}{4} = 1\dfrac{3}{4}$(m)

6 어떤 수를 □라 하면

□$\times \dfrac{2}{7} = 20$, □$= 20 \div \dfrac{2}{7}$, □$= 70$

어떤 수를 $2\dfrac{1}{2}$로 나눈 몫은 $70 \div 2\dfrac{1}{2} = 70 \div \dfrac{5}{2} = 28$입니다.

7 $1\,\text{m}^2$를 칠하는 데 필요한 페인트 양: $1\dfrac{5}{8} \div 6\dfrac{3}{4} = \dfrac{13}{8} \div \dfrac{27}{4} = \dfrac{13}{\underset{2}{8}} \times \dfrac{\overset{1}{4}}{27} = \dfrac{13}{54}$ (L)

02 소수의 나눗셈

DAY 11
35쪽
36쪽

연산 UP

1	5	5	7	9	7
2	3	6	8	10	26
3	7	7	9	11	15
4	2	8	4	12	13

응용 UP

1 식 $3.25 \div 0.25 = 13$ 답 13도막
2 식 $81.6 \div 1.2 = 68$ 답 68개
3 식 $51.8 \div 1.4 = 37$ 답 37분
4 식 $13.44 \div 3.36 = 4$ 답 4m
5 식 $5.1 \div 0.3 = 17$ 답 17초

응용 UP

3 (걸리는 시간)＝(갈 거리)÷(1분에 가는 거리)
$= 51.8 \div 1.4 = 37$(분)

4 (높이)＝(평행사변형의 넓이)÷(밑변)
$= 13.44 \div 3.36 = 4$(m)

DAY 12
37쪽
38쪽

연산 UP

1	2.4	5	4.3	8	2.7
2	0.7	6	4.8	9	3.2
3	1.8	7	2.8	10	2.9
4	1.2			11	4.5

응용 UP

1 식 $7.02 \div 1.3 = 5.4$ 답 5.4배
2 식 $1.52 \div 0.8 = 1.9$ 답 1.9배
3 식 $6.21 \div 2.3 = 2.7$ 답 2.7배
4 식 $2.34 \div 1.3 = 1.8$ 답 1.8배

응용 UP

1 (가 리본 길이)÷(나 리본 길이)＝$7.02 \div 1.3 = 5.4$(배)

2 (집에서 시장까지의 거리)÷(집에서 공원까지의 거리)
$= 1.52 \div 0.8 = 1.9$(배)

3 (기린의 키)÷(사슴의 키)＝$6.21 \div 2.3 = 2.7$(배)

4 (재윤이의 사용 시간)÷(동호의 사용 시간)
$= 2.34 \div 1.3 = 1.8$(배)

연산 UP

1	2.4	5	2.4	8	3.2
2	5.4	6	1.8	9	1.6
3	0.7	7	1.8	10	8.4
4	2.3			11	5.2

응용 UP

1	8	7	28
2	5	8	4
3	1.6	9	4.1
4	3.4	10	28
5	1.7	11	9
6	16	12	1.3

응용 UP

1 $\square = 1.6 \div 0.2$, $\square = 8$

2 $\square = 6.25 \div 1.25$, $\square = 5$

3 $\square = 1.76 \div 1.1$, $\square = 1.6$

4 $\square = 1.36 \div 0.4$, $\square = 3.4$

5 $\square = 4.76 \div 2.8$, $\square = 1.7$

6 $\square = 78.4 \div 4.9$, $\square = 16$

7 $\square = 2.24 \div 0.08$, $\square = 28$

8 $\square = 14.8 \div 3.7$, $\square = 4$

9 $\square = 2.87 \div 0.7$, $\square = 4.1$

10 $\square = 43.68 \div 1.56$, $\square = 28$

11 $\square = 48.6 \div 5.4$, $\square = 9$

12 $\square = 10.92 \div 8.4$, $\square = 1.3$

연산 UP

1	15	5	45	8	55
2	6	6	5	9	25
3	5	7	25	10	32
4	12			11	35

응용 UP

1	80개
2	70그루
3	31개
4	56그루

응용 UP

1 (기둥의 수) $= 40 \div 0.5 = 80$(개)

2 (나무의 수) $= 126 \div 1.8 = 70$(그루)

3 (가로등의 수) $= 135 \div 4.5 + 1 = 31$(개)

4 (나무의 수) $= 66 \div 1.2 + 1 = 56$(그루)

DAY 15

43쪽
44쪽

연산 UP

1	12	5	25	8	200
2	25	6	25	9	24
3	8	7	75	10	32
4	40			11	50

응용 UP

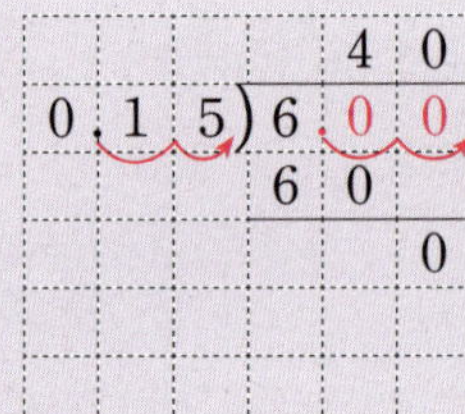

1.
$$0.7\overline{)3.78} = 5.4$$

2.
$$2.5\overline{)35} = 14$$

3.
$$1.25\overline{)20} = 16$$

연산 UP

4.
$$0.15\overline{)6.00} = 40$$

7.
$$0.72\overline{)54.00} = 75$$

11.
$$0.36\overline{)18.00} = 50$$

DAY 16

45쪽
46쪽

연산 UP

1	7	4	0.8	7	75
2	17	5	2.4	8	5
3	2	6	1.6	9	150

응용 UP

1. 식 $201.6 \div 16.8 = 12$ 답 12컵
2. 식 $136 \div 8.5 = 16$ 답 16상자
3. 식 $3 \div 0.25 = 12$ 답 12개
4. 식 $8.25 \div 3.3 = 2.5$ 답 2.5시간
5. 식 $13.78 \div 5.3 = 2.6$ 답 2.6배

연산 UP

3.
$$3.72\overline{)7.44} = 2$$

6.
$$31.2\overline{)49.92} = 1.6$$

9.
$$0.48\overline{)72.00} = 150$$

연산 UP

1	2, 20, 200	6	60, 6, 0.6
2	12, 120, 1200	7	40, 4, 0.4
3	0.7, 7, 70	8	8, 80, 800
4	1.3, 13, 130	9	5, 50, 500
5	0.19, 1.9, 19	10	0.6, 6, 60

응용 UP

(위에서부터)

1	2, 2	4	7, 4, 3, 7, 8
2	8, 8	5	2, 2, 2, 7, 2
3	1, 6, 6, 8, 6	6	6, 8, 6, 9, 6

47쪽 48쪽

연산 UP

1	1.7, 1.71
2	2.3, 2.33
3	7.7, 7.67
4	1.7, 1.73

응용 UP

1	1.7배
2	2.33배
3	2.1배

49쪽 50쪽

연산 UP

2 $14 \div 6 = 2.333\cdots$

반올림하여 소수 첫째 자리까지 나타내면 $2.33\cdots$ ➡ 2.3입니다.

반올림하여 소수 둘째 자리까지 나타내면 $2.333\cdots$ ➡ 2.33입니다.

3 $2.3 \div 0.3 = 7.666\cdots$

반올림하여 소수 첫째 자리까지 나타내면 $7.66\cdots$ ➡ 7.7입니다.

반올림하여 소수 둘째 자리까지 나타내면 $7.666\cdots$ ➡ 7.67입니다.

4 $4.68 \div 2.7 = 1.733\cdots$

반올림하여 소수 첫째 자리까지 나타내면 $1.73\cdots$ ➡ 1.7입니다.

반올림하여 소수 둘째 자리까지 나타내면 $1.733\cdots$ ➡ 1.73입니다.

응용 UP

1 (4코스 길이)÷(6코스 길이)$= 19 \div 11 = 1.72\cdots$ ➡ 약 1.7배

2 (10코스 길이)÷(9코스 길이)$= 15.6 \div 6.7 = 2.328\cdots$ ➡ 약 2.33배

3 (새별오름 높이)÷(용눈이오름 높이)$= 519 \div 248 = 2.09\cdots$ ➡ 약 2.1배

연산 UP

1. 2.9, 2.86
2. 3.5, 3.45
3. 7.6, 7.56
4. 1.8, 1.83

응용 UP

1. 23.33 km
2. 2.4분
3. 49.7마일

연산 UP

2. $38 \div 11 = 3.454\cdots$

반올림하여 소수 첫째 자리까지 나타내면 $3.45\cdots$ ➡ 3.5입니다.

반올림하여 소수 둘째 자리까지 나타내면 $3.454\cdots$ ➡ 3.45입니다.

3. $6.8 \div 0.9 = 7.555\cdots$

반올림하여 소수 첫째 자리까지 나타내면 $7.55\cdots$ ➡ 7.6입니다.

반올림하여 소수 둘째 자리까지 나타내면 $7.555\cdots$ ➡ 7.56입니다.

4. $12.8 \div 7 = 1.828\cdots$

반올림하여 소수 첫째 자리까지 나타내면 $1.82\cdots$ ➡ 1.8입니다.

반올림하여 소수 둘째 자리까지 나타내면 $1.828\cdots$ ➡ 1.83입니다.

응용 UP

1. $70 \div 3 = 23.333\cdots$이므로 소수 셋째 자리에서 반올림하면 한 시간에 약 23.33 km를 달린 셈입니다.
2. $50 \div 21 = 2.38\cdots$이므로 소수 둘째 자리에서 반올림하면 약 2.4분 뒤에 천둥소리를 들을 수 있습니다.
3. $80 \div 1.61 = 49.68\cdots$이므로 소수 둘째 자리에서 반올림하면 약 49.7마일입니다.

연산 UP

1. 5, 1.4
2. 3, 1.5
3. 4, 6.8
4. 9, 3.3
5. 8, 5.4
6. 7, 3.2
7. 12, 2.7
8. 3, 3.2
9. 23, 7.4

응용 UP

1. 8봉지, 2.5 kg
2. 38도막, 1.8 m
3. 4명, 3.3 kg
4. 12병, 0.8 kg
5. 72개, 0.3 g

응용 UP

1. $42.5 \div 5 = 8 \cdots 2.5$이므로 8봉지까지 담을 수 있고, 2.5 kg이 남습니다.
2. $77.8 \div 2 = 38 \cdots 1.8$이므로 38도막이 되고, 1.8 m가 남습니다.
3. $19.3 \div 4 = 4 \cdots 3.3$이므로 4명까지 나누어 줄 수 있고, 3.3 kg이 남습니다.
4. $36.8 \div 3 = 12 \cdots 0.8$이므로 12병까지 담을 수 있고, 0.8 kg이 남습니다.
5. $576.3 \div 8 = 72 \cdots 0.3$이므로 72개까지 만들 수 있고, 0.3 g이 남습니다.

연산 UP

1 3, 4.9   4 8, 2.5   7 37, 8.6

2 2, 1.6   5 4, 1.3   8 18, 3.3

3 5, 1.4   6 13, 11.4   9 26, 4.8

응용 UP

1 27개

2 25상자

3 6번

4 1.2 kg

응용 UP

1 $825.7 \div 30 = 27 \cdots 15.7$이므로 짐을 27개까지 실을 수 있습니다.

2 $378.4 \div 15 = 25 \cdots 3.4$이므로 판매할 수 있는 포도는 25상자입니다.

3 $8 \div 1.5 = 5 \cdots 0.5$이므로 1.5 t씩 5번 운반하고 남는 0.5 t도 운반해야 합니다.
따라서 트럭으로 최소 6번을 운반해야 합니다.

4 $142.8 \div 3 = 47 \cdots 1.8$이므로 47봉지에 담고, 1.8 kg이 남습니다.
남은 소금으로 한 봉지 더 담으려면 $3 - 1.8 = 1.2 (kg)$이 더 필요합니다.

---

1 (1) 4 (2) 1.3 (3) 25

2 (1) 5.9 (2) 3.07 (3) 3

3 (1) 3, 2.6 (2) 7, 7.3 (3) 11, 2.2

4 28개

5 4.2 kg

6 3.4배

7 74도막, 0.9 m

---

2 (1) $35.2 \div 6 = 5.86\cdots\cdots$ ➡ 반올림하여 소수 첫째 자리까지 나타내면 5.9입니다.

(2) $4.6 \div 1.5 = 3.066\cdots\cdots$ ➡ 반올림하여 소수 둘째 자리까지 나타내면 3.07입니다.

(3) $25 \div 9 = 2.7\cdots\cdots$ ➡ 반올림하여 일의 자리까지 나타내면 3입니다.

4 $67.2 \div 2.4 = 28(개)$

5 $15.12 \div 3.6 = 4.2 (kg)$

6 (학교에서 도서관까지의 거리) ÷ (학교에서 놀이터까지의 거리) = $2.36 \div 0.7 = 3.37\cdots\cdots$
➡ 반올림하여 소수 첫째 자리까지 나타내면 약 3.4배입니다.

7 $148.9 \div 2 = 74 \cdots 0.9$이므로 74도막이 되고, 0.9 m가 남습니다.

DAY 23

63쪽
64쪽

연산 UP

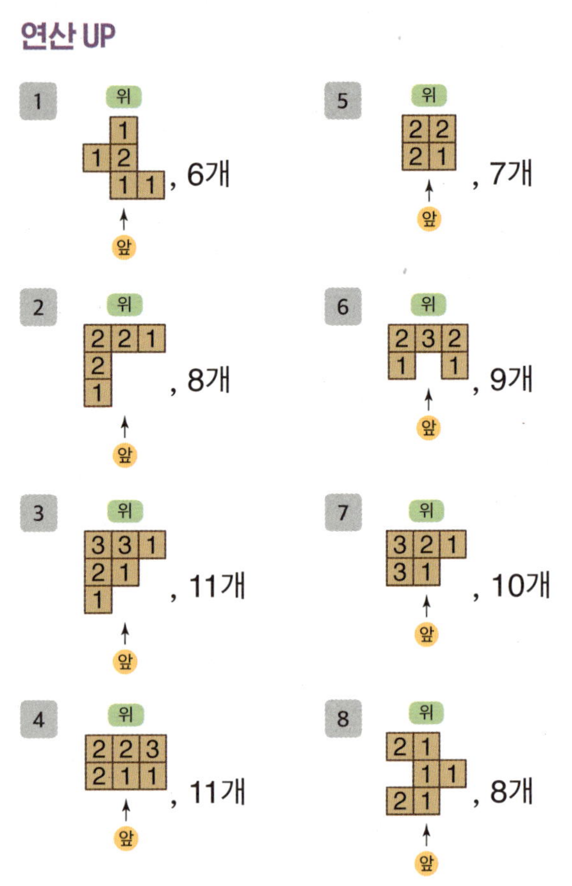

응용 UP

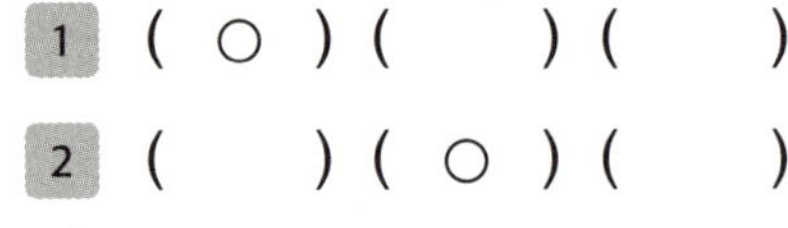

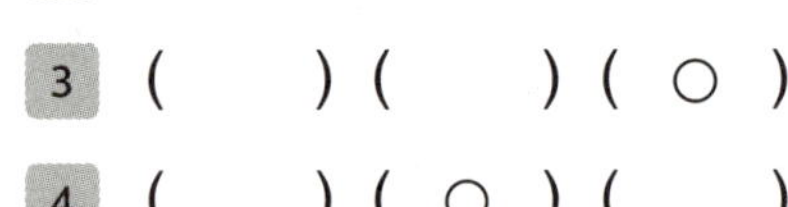

1 (○) (   ) (   )

2 (   ) (○) (   )

3 (   ) (   ) (○)

4 (   ) (○) (   )

DAY 24

65쪽
66쪽

연산 UP

응용 UP

1 다

2 마

3 가

4 라

5 나

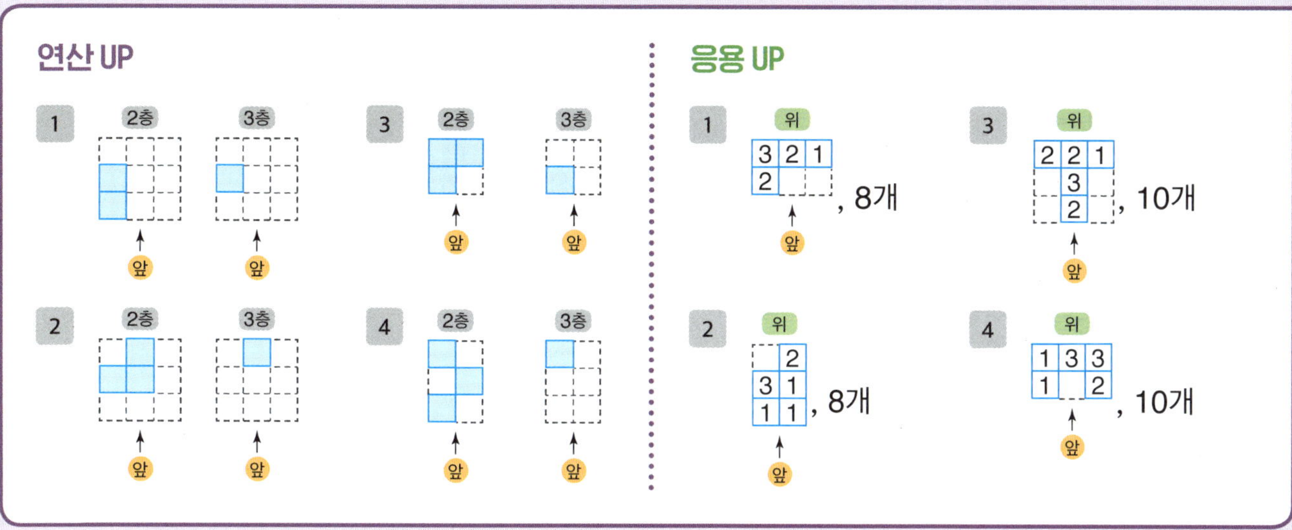

연산 UP
응용 UP
DAY
25
67쪽
68쪽
1 2층 3층
2 2층 3층
3 2층 3층
4 2층 3층
앞 앞 앞 앞
1 위 3 2 1 2 , 8개
3 위 2 2 1 3 2 , 10개
2 위 2 3 1 1 1 , 8개
4 위 1 3 3 1 2 , 10개
앞

응용 UP
3 1층에 5개, 2층에 4개, 3층에 1개 ➡ 5+4+1=10(개)
4 1층에 5개, 2층에 3개, 3층에 2개 ➡ 5+3+2=10(개)

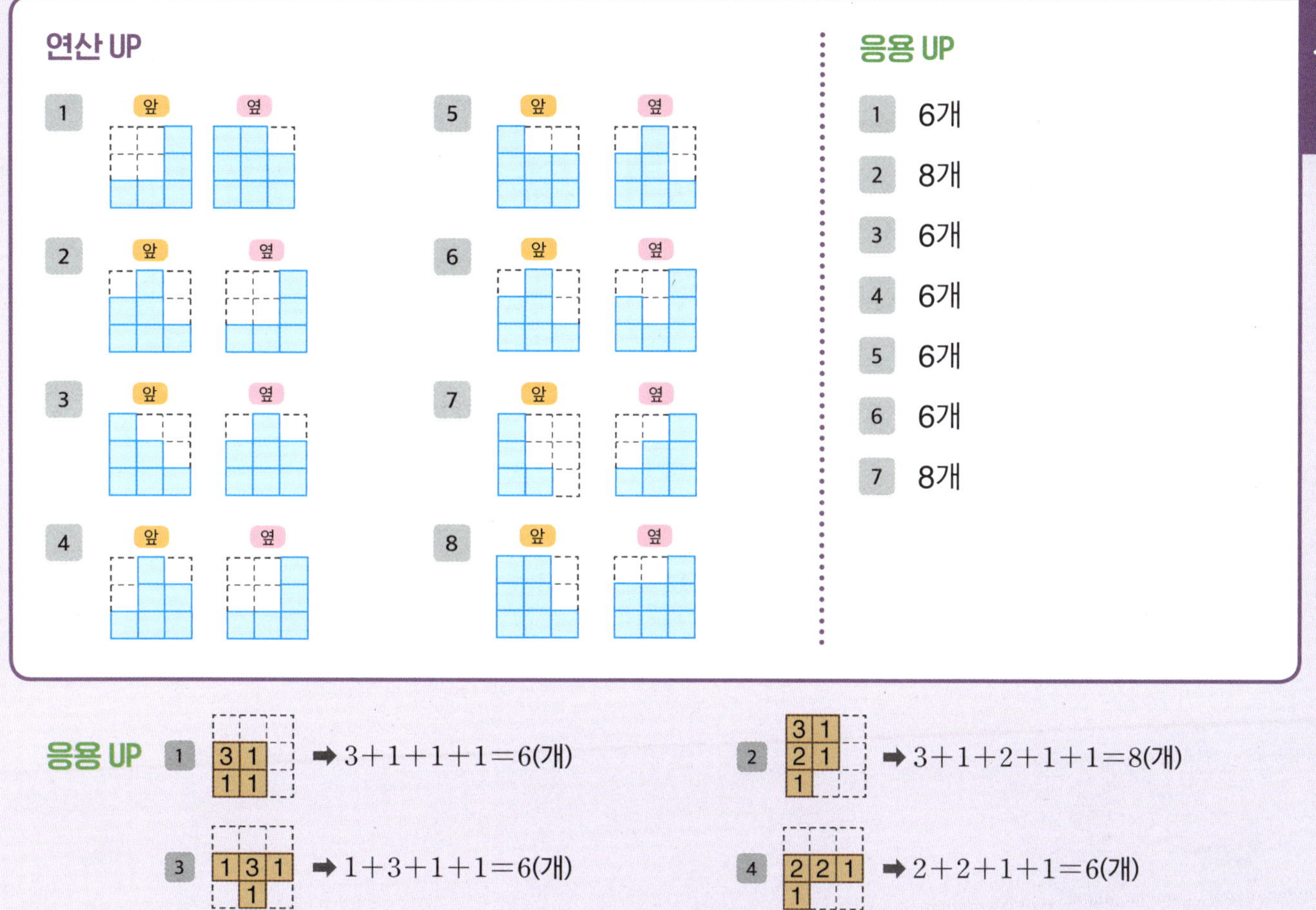

연산 UP
응용 UP
DAY
26
69쪽
70쪽
1 앞 옆
2 앞 옆
3 앞 옆
4 앞 옆
5 앞 옆
6 앞 옆
7 앞 옆
8 앞 옆
1 6개
2 8개
3 6개
4 6개
5 6개
6 6개
7 8개

응용 UP
1 3 1 1 1 ➡ 3+1+1+1=6(개)
2 3 1 2 1 ➡ 3+1+2+1+1=8(개)
3 1 3 1 1 ➡ 1+3+1+1=6(개)
4 2 2 1 ➡ 2+2+1+1=6(개)
5 1 2 1 2 ➡ 2+1+2+1=6(개)
6 3 2 1 ➡ 3+2+1=6(개)
7 3 2 1 2 ➡ 3+2+1+2=8(개)

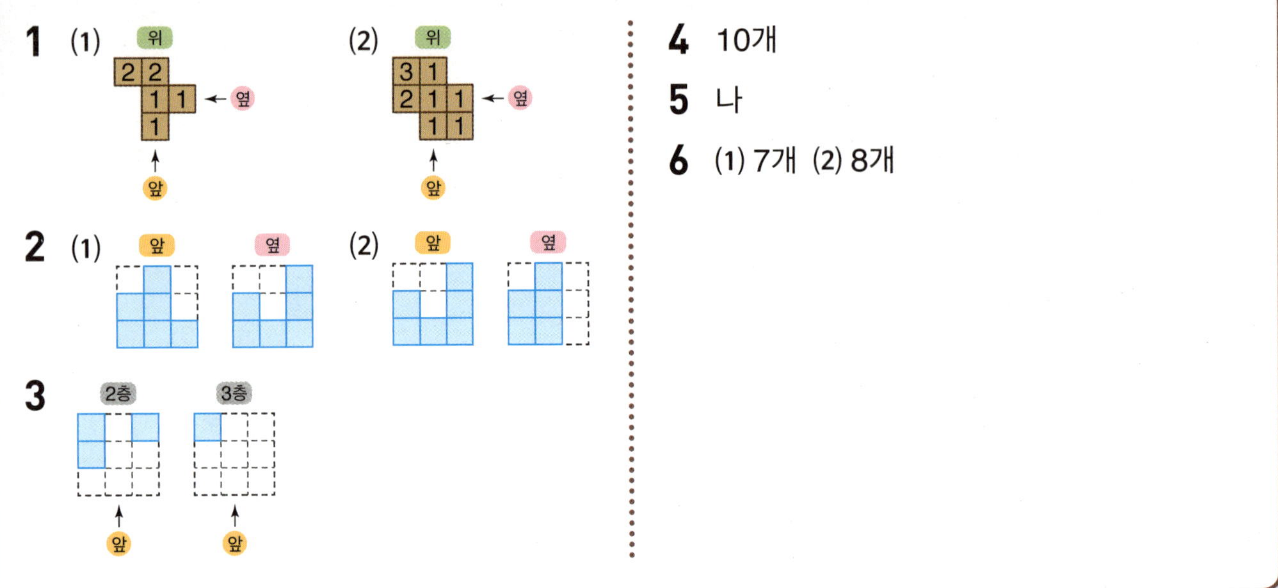

1 (1) ... (2) ...

2 (1) ... (2) ...

3 ...

4 10개

5 나

6 (1) 7개 (2) 8개

---

4 1층에 7개, 2층에 2개, 3층에 1개 ➡ $7+2+1=10$(개)

6 (1) 앞에서 본 모양에 의해 ㉠=1, ㉢=3

　　옆에서 본 모양에 의해 ㉣=1

　　앞과 옆에서 본 모양에 의해 ㉡=2

　　➡ (쌓기나무의 개수)=$1+2+3+1=7$(개)

　(2) 앞에서 본 모양에 의해 ㉡=1, ㉤=1

　　옆에서 본 모양에 의해 ㉣=1, ㉢=2

　　앞과 옆에서 본 모양에 의해 ㉠=3

　　➡ (쌓기나무의 개수)=$3+1+2+1+1=8$(개)

04 비례식과 비례배분

연산 UP

(위에서부터)

1 28, 4
2 5, 6
3 5, 30
4 9, 5
5 2, 10
6 100, 100
7 3, 33, 3
8 8, 7, 8
9 4, 20
10 36, 8

응용 UP

1 32 : 45   48 : 60   50 : 40
2 55 : 99   40 : 63   15 : 18
3 17 : 8   35 : 20   42 : 12
4 6 : 9   5 : 8   10 : 15
5 2 : 1   3 : 2   15 : 5
6 6 : 7   7 : 6   12 : 15

연산 UP

1 ㉮ 4 : 5
2 5 : 7
3 ㉮ 4 : 3
4 ㉮ 6 : 1
5 20 : 9
6 2 : 5
7 ㉮ 3 : 4
8 9 : 4
9 ㉮ 2 : 3
10 8 : 5
11 ㉮ 3 : 2
12 ㉮ 4 : 3
13 ㉮ 3 : 5
14 ㉮ 3 : 2

응용 UP

1 ㉮ 4 : 9
2 ㉮ 5 : 3
3 ㉮ 6 : 5
4 ㉮ 8 : 9

응용 UP 3 감자와 당근의 양의 비는 360 : 300입니다.

$$360 : 300 \Rightarrow 6 : 5 \quad (\div 60)$$

4 돼지고기와 양파의 양의 비는 120 : 135입니다.

$$120 : 135 \Rightarrow 8 : 9 \quad (\div 15)$$

연산 UP

1 ⓔ 3 : 4
2 ⓔ 2 : 3
3 ⓔ 7 : 15
4 ⓔ 14 : 9
5 ⓔ 7 : 1
6 ⓔ 1 : 3
7 ⓔ 7 : 4
8 ⓔ 4 : 1
9 ⓔ 1 : 3
10 ⓔ 2 : 3
11 ⓔ 7 : 8
12 ⓔ 10 : 9
13 ⓔ 5 : 4

응용 UP

1 ⓔ 4 : 1
2 ⓔ 17 : 28
3 ⓔ 164 : 157

연산 UP

8 $3.6 : 0.9 \Rightarrow 36 : 9,\ 36 : 9 \Rightarrow 4 : 1$ (×10, ×10; ÷9, ÷9)

9 $0.9 : 2.7 \Rightarrow 9 : 27,\ 9 : 27 \Rightarrow 1 : 3$ (×10, ×10; ÷9, ÷9)

10 $0.26 : 0.39 \Rightarrow 26 : 39,\ 26 : 39 \Rightarrow 2 : 3$ (×100, ×100; ÷13, ÷13)

11 $0.35 : 0.4 \Rightarrow 35 : 40,\ 35 : 40 \Rightarrow 7 : 8$ (×100, ×100; ÷5, ÷5)

12 $0.6 : 0.54 \Rightarrow 60 : 54,\ 60 : 54 \Rightarrow 10 : 9$ (×100, ×100; ÷6, ÷6)

13 $0.25 : 0.2 \Rightarrow 25 : 20,\ 25 : 20 \Rightarrow 5 : 4$ (×100, ×100; ÷5, ÷5)

응용 UP

1 (탄산수의 양) : (매실액의 양) $= 1.2 : 0.3 = (1.2 \times 10) : (0.3 \times 10)$
$$= 12 : 3 = (12 \div 3) : (3 \div 3)$$
$$= 4 : 1$$

2 (집~학교) : (집~지하철 역) $= 0.85 : 1.4$
$$= (0.85 \times 100) : (1.4 \times 100)$$
$$= 85 : 140$$
$$= (85 \div 5) : (140 \div 5)$$
$$= 17 : 28$$

3 (한국) : (인도네시아) $= 8.2 : 7.85$
$$= (8.2 \times 100) : (7.85 \times 100)$$
$$= 820 : 785$$
$$= (820 \div 5) : (785 \div 5)$$
$$= 164 : 157$$

연산 UP

1 ㉑ 5 : 3	8 ㉑ 10 : 27
2 ㉑ 3 : 2	9 ㉑ 18 : 7
3 ㉑ 5 : 4	10 ㉑ 5 : 4
4 ㉑ 36 : 35	11 ㉑ 3 : 4
5 ㉑ 5 : 6	12 ㉑ 15 : 4
6 ㉑ 8 : 7	13 ㉑ 8 : 5
7 ㉑ 4 : 7	

응용 UP

1 ㉑ 79 : 65
2 ㉑ 16 : 15
3 ㉑ 18 : 11

연산 UP

6 $1\dfrac{1}{3} : 1\dfrac{1}{6} = \dfrac{4}{3} : \dfrac{7}{6}$, $\dfrac{4}{3} : \dfrac{7}{6} \Rightarrow 8 : 7$ (×6)

9 $\dfrac{4}{7} : \dfrac{2}{9} \Rightarrow 36 : 14$, $36 : 14 \Rightarrow 18 : 7$ (×63, ÷2)

10 $1\dfrac{1}{2} : 1\dfrac{1}{5} = \dfrac{3}{2} : \dfrac{6}{5}$이므로 각 항에 10을 곱하면 15 : 12이고, 다시 각 항을 3으로 나누면 5 : 4입니다.

11 각 항에 30을 곱하면 21 : 28이고, 다시 각 항을 7로 나누면 3 : 4입니다.

13 $2\dfrac{4}{5} : 1\dfrac{3}{4} = \dfrac{14}{5} : \dfrac{7}{4}$이므로 각 항에 20을 곱하면 56 : 35이고, 다시 각 항을 7로 나누면 8 : 5입니다.

응용 UP

1 낮과 밤의 시간의 비는 $13\dfrac{1}{6} : 10\dfrac{5}{6} = \dfrac{79}{6} : \dfrac{65}{6}$입니다.

$\dfrac{79}{6} : \dfrac{65}{6} \Rightarrow 79 : 65$ (×6)

2 준영이와 송아가 읽은 책의 양의 비는 $\dfrac{2}{5} : \dfrac{3}{8}$입니다.

$\dfrac{2}{5} : \dfrac{3}{8} \Rightarrow 16 : 15$ (×40)

3 두 평행사변형 ㉠, ㉡의 높이가 같으므로 넓이의 비는 $4\dfrac{1}{2} \times (\text{높이}) : 2\dfrac{3}{4} \times (\text{높이})$입니다.

각 항을 높이로 나누면 $4\dfrac{1}{2} : 2\dfrac{3}{4} = \dfrac{9}{2} : \dfrac{11}{4}$입니다.

다시 각 항에 4를 곱하면 18 : 11이 됩니다.

연산 UP

1	예 3 : 4	7	예 1 : 7
2	예 1 : 5	8	예 15 : 4
3	예 7 : 8	9	예 12 : 13
4	예 5 : 3	10	예 7 : 15
5	예 3 : 1	11	예 7 : 5
6	예 15 : 22	12	예 4 : 3

응용 UP

1	예 14 : 15
2	예 11 : 9
3	예 15 : 2
4	예 90 : 17

연산 UP

4 $\dfrac{2}{3} : 0.4 = \dfrac{2}{3} : \dfrac{4}{10}$ 이므로 각 항에 30을 곱하면 20 : 12이고, 다시 각 항을 4로 나누면 5 : 3입니다.

5 $1.2 : \dfrac{2}{5} = \dfrac{12}{10} : \dfrac{2}{5}$ 이므로 각 항에 10을 곱하면 12 : 4이고, 다시 각 항을 4로 나누면 3 : 1입니다.

7 $0.05 : \dfrac{7}{20} = \dfrac{5}{100} : \dfrac{7}{20}$ 이므로 각 항에 100을 곱하면 5 : 35이고, 다시 각 항을 5로 나누면 1 : 7입니다.

8 $\dfrac{3}{4} : 0.2 = \dfrac{3}{4} : \dfrac{2}{10}$ 이므로 각 항에 20을 곱하면 15 : 4입니다.

9 $1\dfrac{1}{5} : 1.3 = \dfrac{6}{5} : \dfrac{13}{10}$ 이므로 각 항에 10을 곱하면 12 : 13입니다.

11 $0.35 : \dfrac{1}{4} = 0.35 : 0.25$ 이므로 각 항에 100을 곱하면 35 : 25이고, 다시 각 항을 5로 나누면 7 : 5입니다.

응용 UP

1 수호와 다경이의 키의 비는 $1.4 : 1\dfrac{1}{2} = \dfrac{14}{10} : \dfrac{3}{2}$ 입니다.

$$\dfrac{14}{10} : \dfrac{3}{2} \;\xrightarrow{\times 10} \; 14 : 15$$

2 색 테이프의 길이의 비는 $2\dfrac{1}{5} : 1.8 = 2.2 : 1.8$ 입니다.

$$2.2 : 1.8 \xrightarrow{\times 10} 22 : 18, \quad 22 : 18 \xrightarrow{\div 2} 11 : 9$$

3 네팔과 쿠웨이트의 넓이의 비는 $1.5 : \dfrac{1}{5} = 1.5 : 0.2$ 입니다.

$$1.5 : 0.2 \xrightarrow{\times 10} 15 : 2$$

4 일본과 스리랑카의 넓이의 비는 $3.6 : \dfrac{17}{25} = \dfrac{36}{10} : \dfrac{17}{25}$ 입니다.

$$\dfrac{36}{10} : \dfrac{17}{25} \xrightarrow{\times 100} 360 : 68, \quad 360 : 68 \xrightarrow{\div 4} 90 : 17$$

연산 UP

1 $3 \times 14 = 42$
    $7 \times 6 = 42$

2 $5 \times 60 = 300$
    $6 \times 50 = 300$

3 $12 \times 4 = 48$
    $8 \times 6 = 48$

4 $\dfrac{1}{3} \times 6 = 2$
    $\dfrac{1}{4} \times 8 = 2$

5 $11 \times 4 = 44$
    $2 \times 22 = 44$

6 $2.5 \times 6 = 15$
    $0.5 \times 30 = 15$

7 $6 \times 5 = 30$
    $15 \times 2 = 30$

8 $\dfrac{1}{2} \times \dfrac{1}{5} = \dfrac{1}{10}$
    $\dfrac{3}{5} \times \dfrac{1}{6} = \dfrac{1}{10}$

응용 UP

인형

응용 UP

• $12 : 6 = 8 : 4$

➡ $\begin{bmatrix} 12 \times 4 = 48 \\ 6 \times 8 = 48 \end{bmatrix}$ 외항의 곱과 내항의 곱이 같으므로 비례식입니다.

• $8 : 10 = 12 : 15$

➡ $\begin{bmatrix} 8 \times 15 = 120 \\ 10 \times 12 = 120 \end{bmatrix}$ 외항의 곱과 내항의 곱이 같으므로 비례식입니다.

• $3 : 6 = 18 : 36$

➡ $\begin{bmatrix} 3 \times 36 = 108 \\ 6 \times 18 = 108 \end{bmatrix}$ 외항의 곱과 내항의 곱이 같으므로 비례식입니다.

• $0.3 : 0.5 = 9 : 15$

➡ $\begin{bmatrix} 0.3 \times 15 = 4.5 \\ 0.5 \times 9 = 4.5 \end{bmatrix}$ 외항의 곱과 내항의 곱이 같으므로 비례식입니다.

연산 UP

1	18
2	54
3	16
4	4
5	10
6	8
7	5
8	5
9	2
10	9
11	15
12	18

응용 UP

1	56개
2	760 g
3	20 cm
4	8000원

연산 UP

2 $3 \times \square = 6 \times 27$
$3 \times \square = 162$
$\square = 162 \div 3$
$\square = 54$

3 $2 \times \square = 4 \times 8$
$2 \times \square = 32$
$\square = 32 \div 2$
$\square = 16$

4 $15 \times \square = 6 \times 10$
$15 \times \square = 60$
$\square = 60 \div 15$
$\square = 4$

5 $\square \times 9 = 45 \times 2$
$\square \times 9 = 90$
$\square = 90 \div 9$
$\square = 10$

6 $\square \times 65 = 13 \times 40$
$\square \times 65 = 520$
$\square = 520 \div 65$
$\square = 8$

7 $21 \times \square = 15 \times 7$
$21 \times \square = 105$
$\square = 105 \div 21$
$\square = 5$

8 $16 \times \square = 4 \times 20$
$16 \times \square = 80$
$\square = 80 \div 16$
$\square = 5$

9 $\square \times 63 = 7 \times 18$
$\square \times 63 = 126$
$\square = 126 \div 63$
$\square = 2$

10 $\square \times 11 = 33 \times 3$
$\square \times 11 = 99$
$\square = 99 \div 11$
$\square = 9$

11 $\square \times 4 = 12 \times 5$
$\square \times 4 = 60$
$\square = 60 \div 4$
$\square = 15$

12 $6 \times \square = 12 \times 9$
$6 \times \square = 108$
$\square = 108 \div 6$
$\square = 18$

응용 UP

1 (지우의 사탕 수) : (현우의 사탕 수)=2 : 7이고, 현우가 가지고 있는 사탕 수를 $\square$개라고 하면
$2 : 7 = 16 : \square$입니다.
➡ $2 \times \square = 7 \times 16,\ 2 \times \square = 112,\ \square = 56$

2 (딸기) : (설탕)=4 : 3이고, 딸기의 무게를 $\square$ g이라고 하면 $4 : 3 = \square : 570$입니다.
➡ $3 \times \square = 4 \times 570,\ 3 \times \square = 2280,\ \square = 760$

3 (가로) : (세로)=8 : 5이고, 세로를 $\square$ cm라고 하면 $8 : 5 = 32 : \square$입니다.
➡ $8 \times \square = 5 \times 32,\ 8 \times \square = 160,\ \square = 20$

4 (어린이의 입장료) : (어른의 입장료)=2 : 3이고, 어린이의 입장료를 $\square$원이라고 하면
$2 : 3 = \square : 12000$입니다.
➡ $3 \times \square = 2 \times 12000,\ 3 \times \square = 24000,\ \square = 8000$

연산 UP

1 15
2 6
3 7
4 4
5 $\dfrac{2}{3}$
6 5
7 9
8 5
9 40
10 8
11 75
12 2

응용 UP

1 100분
2 3000 L
3 4.5 m

연산 UP

2 $3.6 \times \square = 2.4 \times 9$
$3.6 \times \square = 21.6$
$\square = 21.6 \div 3.6$
$\square = 6$

3 $\square \times 150 = 10 \times 105$
$\square \times 150 = 1050$
$\square = 1050 \div 150$
$\square = 7$

4 $26 \times \square = 13 \times 8$
$26 \times \square = 104$
$\square = 104 \div 26$
$\square = 4$

5 $\square \times 6 = \dfrac{2}{7} \times 14$
$\square \times 6 = 4$
$\square = 4 \div 6$
$\square = \dfrac{2}{3}$

6 $\square \times 64 = 4 \times 80$
$\square \times 64 = 320$
$\square = 320 \div 64$
$\square = 5$

7 $4 \times \square = 6 \times 6$
$4 \times \square = 36$
$\square = 36 \div 4$
$\square = 9$

8 $\dfrac{1}{5} \times \square = \dfrac{1}{3} \times 3$
$\dfrac{1}{5} \times \square = 1$
$\square = 5$

9 $\square \times 0.2 = 2 \times 4$
$\square \times 0.2 = 8$
$\square = 8 \div 0.2$
$\square = 40$

10 $\square \times 45 = 9 \times 40$
$\square \times 45 = 360$
$\square = 360 \div 45$
$\square = 8$

11 $\square \times 2 = 50 \times 3$
$\square \times 2 = 150$
$\square = 150 \div 2$
$\square = 75$

12 $2.8 \times \square = 0.7 \times 8$
$2.8 \times \square = 5.6$
$\square = 5.6 \div 2.8$
$\square = 2$

응용 UP

1 물을 가득 채우는 데 걸리는 시간을 □분이라 하고,
(시간) : (들이)의 비로 비례식을 만들면 $5 : 15 = \square : 300$입니다.
➡ $15 \times \square = 5 \times 300$, $15 \times \square = 1500$, $\square = 100$

2 필요한 바닷물의 양을 □ L라 하고,
(소금의 양) : (바닷물의 양)의 비로 비례식을 만들면 $2 : 60 = 100 : \square$입니다.
➡ $2 \times \square = 60 \times 100$, $2 \times \square = 6000$, $\square = 3000$

3 나무의 실제 높이를 □ m라 하고,
(실제 높이) : (그림자의 길이)의 비로 비례식을 만들면 $2 : 2.4 = \square : 5.4$입니다.
➡ $2.4 \times \square = 2 \times 5.4$, $2.4 \times \square = 10.8$, $\square = 10.8 \div 2.4$, $\square = 4.5$

연산 UP

1	6	7	15	
2	4	8	9	
3	7	9	4	
4	12	10	3	
5	20	11	10	
6	6	12	8	

응용 UP

1	25000 cm
2	3 cm
3	600 m

연산 UP

2 $\dfrac{1}{4}\times\square=\dfrac{1}{5}\times5$

$\dfrac{1}{4}\times\square=1$

$\square=4$

3 $\square\times1.2=4\times2.1$

$\square\times1.2=8.4$

$\square=8.4\div1.2$

$\square=7$

4 $\square\times\dfrac{2}{3}=20\times\dfrac{2}{5}$

$\square\times\dfrac{2}{3}=8$

$\square=8\div\dfrac{2}{3}$

$\square=12$

5 $0.4\times\square=\dfrac{4}{7}\times14$

$0.4\times\square=8$

$\square=8\div0.4$

$\square=20$

6 $\square\times15=\dfrac{1}{2}\times180$

$\square\times15=90$

$\square=90\div15$

$\square=6$

7 $\square\times\dfrac{1}{2}=3\times2.5$

$\square\times\dfrac{1}{2}=7.5$

$\square=7.5\div\dfrac{1}{2}$

$\square=15$

8 $\dfrac{1}{3}\times\square=\dfrac{1}{4}\times12$

$\dfrac{1}{3}\times\square=3$

$\square=9$

9 $0.5\times\square=16\times\dfrac{1}{8}$

$0.5\times\square=2$

$\square=2\div0.5$

$\square=4$

10 $7\times\square=18\times1\dfrac{1}{6}$

$7\times\square=21$

$\square=21\div7$

$\square=3$

11 $\square\times1.2=8\times1.5$

$\square\times1.2=12$

$\square=10$

12 $3\times\square=2.4\times10$

$3\times\square=24$

$\square=8$

응용 UP

1 실제 거리를 $\square$ cm라고 하면 $1:5000=5:\square$입니다.

$1\times\square=5000\times5,\ \square=25000$

따라서 학교와 병원 사이의 실제 거리는 25000 cm입니다.

2 지도에서의 거리를 $\square$ cm라고 하면 $1:5000=\square:15000$입니다.

$5000\times\square=1\times15000,\ \square=3$

따라서 우체국과 빵집 사이의 거리는 지도에서 3 cm로 나타내야 합니다.

3 실제 거리를 $\square$ cm라고 하면 $1:20000=3:\square$입니다.

$1\times\square=20000\times3,\ \square=60000$, 따라서 실제 거리는 60000 cm=600 m입니다.

연산 UP

1	$\dfrac{1}{9}$	7	$\dfrac{6}{7}$
2	$\dfrac{2}{3}$	8	$\dfrac{5}{8}$
3	$\dfrac{5}{6}$	9	$\dfrac{1}{10}$
4	$\dfrac{1}{5}$	10	$\dfrac{1}{8}$
5	$\dfrac{1}{4}$	11	$\dfrac{1}{2}$
6	$\dfrac{1}{4}$	12	$\dfrac{3}{4}$

응용 UP

1 10 : 13
2 13 : 10
3 20번
4 9번

연산 UP

2 $\square \times 5 = \dfrac{5}{12} \times 8$
$\square \times 5 = \dfrac{10}{3}$
$\square = \dfrac{10}{3} \div 5$
$\square = \dfrac{2}{3}$

3 $\square \times 18 = \dfrac{3}{7} \times 35$
$\square \times 18 = 15$
$\square = 15 \div 18$
$\square = \dfrac{5}{6}$

4 $\square \times 30 = 9 \times \dfrac{2}{3}$
$\square \times 30 = 6$
$\square = 6 \div 30$
$\square = \dfrac{1}{5}$

5 $2 \times \square = 10 \times \dfrac{1}{20}$
$2 \times \square = \dfrac{1}{2}$
$\square = \dfrac{1}{2} \div 2$
$\square = \dfrac{1}{4}$

6 $4 \times \square = 7 \times \dfrac{1}{7}$
$4 \times \square = 1$
$\square = \dfrac{1}{4}$

7 $\square \times 7 = 15 \times \dfrac{2}{5}$
$\square \times 7 = 6$
$\square = 6 \div 7$
$\square = \dfrac{6}{7}$

8 $6 \times \square = 5 \times \dfrac{3}{4}$
$6 \times \square = \dfrac{15}{4}$
$\square = \dfrac{15}{4} \div 6$
$\square = \dfrac{5}{8}$

9 $\square \times 5 = 2 \times \dfrac{1}{4}$
$\square \times 5 = \dfrac{1}{2}$
$\square = \dfrac{1}{2} \div 5$
$\square = \dfrac{1}{10}$

10 $16 \times \square = 14 \times \dfrac{1}{7}$
$16 \times \square = 2$
$\square = 2 \div 16$
$\square = \dfrac{1}{8}$

응용 UP

2 ㉮의 톱니 수와 ㉯의 톱니 수의 비가 10 : 13이므로
㉮의 회전수와 ㉯의 회전수의 비는 13 : 10입니다.

3 ㉮가 26번 돌 때 ㉯의 회전수를 $\square$번이라 하면
$13 : 10 = 26 : \square \Rightarrow 13 \times \square = 10 \times 26,\ 13 \times \square = 260,\ \square = 20$입니다.

4 ㉮의 톱니 수와 ㉯의 톱니 수의 비가 30 : 20 = 3 : 2이므로 ㉮의 회전수와 ㉯의 회전수의 비는 2 : 3입
니다. 따라서 ㉮가 6번 돌 때 ㉯의 회전수를 $\square$번이라 하면
$2 : 3 = 6 : \square \Rightarrow 2 \times \square = 3 \times 6,\ 2 \times \square = 18,\ \square = 9$입니다.

DAY 38

97쪽
98쪽

연산 UP

1	16, 20	5	39, 26
2	24, 32	6	14, 49
3	28, 12	7	15, 9
4	33, 11	8	24, 28

응용 UP

1	20개, 25개
2	64 cm, 96 cm
3	14000원, 10000원
4	세리, 10개

응용 UP

1 나은: $45 \times \dfrac{4}{4+5} = 45 \times \dfrac{4}{9} = 20$(개)

건후: $45 \times \dfrac{5}{4+5} = 45 \times \dfrac{5}{9} = 25$(개)

3 민재: $24000 \times \dfrac{7}{7+5} = 24000 \times \dfrac{7}{12}$
$= 14000$(원)

동생: $24000 \times \dfrac{5}{7+5} = 24000 \times \dfrac{5}{12}$
$= 10000$(원)

2 우람: $160 \times \dfrac{2}{2+3} = 160 \times \dfrac{2}{5} = 64$(cm)

보람: $160 \times \dfrac{3}{2+3} = 160 \times \dfrac{3}{5} = 96$(cm)

4 태환: $20 \times \dfrac{1}{1+3} = 20 \times \dfrac{1}{4} = 5$(개)

세리: $20 \times \dfrac{3}{1+3} = 20 \times \dfrac{3}{4} = 15$(개)

➡ 세리가 $15 - 5 = 10$(개) 더 먹었습니다.

DAY 39

99쪽
100쪽

연산 UP

1	40, 80	5	36, 60
2	28, 7	6	36, 16
3	42, 30	7	75, 30
4	48, 42	8	24, 26

응용 UP

1	2 : 3
2	40권, 60권
3	6 kg, 8 kg
4	12000원, 8000원

응용 UP

1 1반은 10명, 2반은 15명이므로 10 : 15 ➡ 2 : 3입니다.

2 1반: $100 \times \dfrac{2}{2+3} = 100 \times \dfrac{2}{5} = 40$(권)

2반: $100 \times \dfrac{3}{2+3} = 100 \times \dfrac{3}{5} = 60$(권)

3 지효네와 종민이네 가족 수의 비는 3 : 4입니다.

지효네: $14 \times \dfrac{3}{3+4} = 14 \times \dfrac{3}{7} = 6$(kg)

종민이네: $14 \times \dfrac{4}{3+4} = 14 \times \dfrac{4}{7} = 8$(kg)

4 규빈이와 규석이가 투자한 금액의 비는 60000 : 40000 ➡ 3 : 2입니다.

규빈: $20000 \times \dfrac{3}{3+2} = 20000 \times \dfrac{3}{5} = 12000$(원)

규석: $20000 \times \dfrac{2}{3+2} = 20000 \times \dfrac{2}{5} = 8000$(원)

1 (1) 예 7 : 9　(2) 예 8 : 15　(3) 예 7 : 11
　(4) 예 2 : 5　(5) 예 3 : 2　(6) 예 6 : 5
　(7) 예 49 : 3　(8) 예 20 : 21　(9) 예 16 : 5

2 (1) 15　(2) 7　(3) 16　(4) $\dfrac{1}{18}$

3 (1) 21, 27　(2) 40, 32

4 예 10 : 11

5 6 m

6 3.5 m

7 18개, 42개

---

1 (7) 각 항에 두 분모의 최소공배수 21을 곱하면 49 : 3입니다.

(9) 2.4를 분수로 고친 후에 두 분모의 최소공배수 20을 각 항에 곱하면 48 : 15이고, 그 다음 각 항을 3으로 나누면 16 : 5가 됩니다.

2 (3) $\dfrac{5}{8} \times \square = \dfrac{5}{6} \times 12$, $\dfrac{5}{8} \times \square = 10$, $\square = 10 \div \dfrac{5}{8}$, $\square = 16$

(4) $\square \times 18 = 1\dfrac{1}{4} \times \dfrac{4}{5}$, $\square \times 18 = 1$, $\square = \dfrac{1}{18}$

3 (1) $48 \times \dfrac{7}{7+9} = 48 \times \dfrac{7}{16} = 21$, $48 \times \dfrac{9}{7+9} = 48 \times \dfrac{9}{16} = 27$

(2) $72 \times \dfrac{5}{5+4} = 72 \times \dfrac{5}{9} = 40$, $72 \times \dfrac{4}{5+4} = 72 \times \dfrac{4}{9} = 32$

4 (여학생 수) = (전체 학생 수) − (남학생 수) = 420 − 200 = 220(명)

남학생 수와 여학생 수의 비는 200 : 220입니다.

$$200 : 220 \Rightarrow 10 : 11 \quad (\div 20)$$

5 실제 건물의 높이를 $\square$ cm라고 하면 1 : 40 = 15 : $\square$입니다.

$1 \times \square = 40 \times 15$, $\square = 600$

따라서 실제 건물의 높이는 600 cm = 6 m입니다.

6 가로등의 실제 높이를 $\square$ m라 하고,

(실제 높이) : (그림자의 길이)의 비로 비례식을 만들면 1 : 0.8 = $\square$: 2.8입니다.

$\Rightarrow 0.8 \times \square = 1 \times 2.8$, $0.8 \times \square = 2.8$, $\square = 2.8 \div 0.8$, $\square = 3.5$

7 ㉮ 상자: $60 \times \dfrac{3}{3+7} = 60 \times \dfrac{3}{10} = 18$(개)

㉯ 상자: $60 \times \dfrac{7}{3+7} = 60 \times \dfrac{7}{10} = 42$(개)

05 원의 넓이

107쪽
108쪽

연산 UP

1	18.84 cm	5	42 cm
2	31 cm	6	12.4 cm
3	62.8 cm	7	54 cm
4	36 cm	8	94.2 cm

응용 UP

1	10	5	3
2	4	6	2
3	9	7	14
4	6	8	8

응용 UP

2. (지름)＝(원주)÷(원주율)
$=24.8÷3.1=8$(cm)
➡ 반지름은 4 cm입니다.

6. (지름)＝(원주)÷(원주율)
$=12.56÷3.14=4$(cm)
➡ 반지름은 2 cm입니다.

4. (지름)＝(원주)÷(원주율)
$=36÷3=12$(cm)
➡ 반지름은 6 cm입니다.

8. (지름)＝(원주)÷(원주율)
$=49.6÷3.1=16$(cm)
➡ 반지름은 8 cm입니다.

109쪽
110쪽

연산 UP

1	25.12 cm	5	33 cm
2	46.5 cm	6	37.2 cm
3	75.36 cm	7	27 cm
4	21 cm	8	50.24 cm

응용 UP

1	18.84 m
2	36 cm
3	90 cm
4	2.65 cm

응용 UP

1. (원주)＝$3×2×3.14=18.84$(m)

2. (원주)＝$12×3=36$(cm)

3. (지름)＝(원주)÷(원주율)＝$279÷3.1=90$(cm)

4. 저금통의 구멍은 적어도 동전의 지름보다는 길어야 합니다.
(동전의 지름)＝(원주)÷(원주율)＝$7.95÷3=2.65$(cm)

"

응용 UP

1. 36 cm
2. 62 cm
3. 188.4 cm
4. 54 cm
5. 48 cm
6. 62.8 cm
7. 72 cm
8. 62 cm

응용 UP

1. 21.3 cm
2. 20 cm
3. 98 cm
4. 35.7 cm
5. 42.6 cm
6. 13 cm
7. 102 cm
8. 71 cm

응용 UP

1. (색칠한 부분의 둘레)=(큰 원의 원주)+(작은 원의 원주)=$8 \times 3 + 4 \times 3 = 24 + 12 = 36$(cm)

2. (색칠한 부분의 둘레)=(큰 원의 원주)+(작은 원의 원주)$\times 2$
$$=10 \times 3.1 + 5 \times 3.1 \times 2 = 31 + 31 = 62 \text{(cm)}$$

3. (색칠한 부분의 둘레)=(큰 원의 원주)+(작은 원의 원주)$\times 3$
$$=30 \times 3.14 + 10 \times 3.14 \times 3 = 94.2 + 94.2 = 188.4 \text{(cm)}$$

4. (색칠한 부분의 둘레)=(큰 원의 원주)+(작은 원의 원주)=$12 \times 3 + 6 \times 3 = 36 + 18 = 54$(cm)

5. (색칠한 부분의 둘레)=(큰 원의 원주의 반)+(작은 원의 원주)
$$=16 \times 3 \div 2 + 8 \times 3 = 24 + 24 = 48 \text{(cm)}$$

6. (색칠한 부분의 둘레)=(큰 원의 원주의 반)+(작은 원의 원주)
$$=20 \times 3.14 \div 2 + 10 \times 3.14 = 31.4 + 31.4 = 62.8 \text{(cm)}$$

7. (색칠한 부분의 둘레)=(큰 원의 원주의 반)+(작은 원의 원주)
$$=24 \times 3 \div 2 + 12 \times 3 = 36 + 36 = 72 \text{(cm)}$$

8. (색칠한 부분의 둘레)=(지름이 20 cm인 원의 원주)=$20 \times 3.1 = 62$(cm)

응용 UP

1. (색칠한 부분의 둘레)=(곡선 부분)+(직선 부분)=(원주)$\div 4$+(반지름)$\times 2$
$$=6 \times 2 \times 3.1 \div 4 + 6 \times 2 = 9.3 + 12 = 21.3 \text{(cm)}$$

2. (색칠한 부분의 둘레)=(곡선 부분)+(직선 부분)=(원주)$\div 2$+(지름)
$$=8 \times 3 \div 2 + 8 = 12 + 8 = 20 \text{(cm)}$$

3. (색칠한 부분의 둘레)=(곡선 부분)+(직선 부분)=(원주)+(14 cm인 선분)$\times 4$
$$=14 \times 3 + 14 \times 4 = 42 + 56 = 98 \text{(cm)}$$

4. (색칠한 부분의 둘레)=(곡선 부분)+(직선 부분)=(원주)$\div 4$+(반지름)$\times 2$
$$=10 \times 2 \times 3.14 \div 4 + 10 \times 2 = 15.7 + 20 = 35.7 \text{(cm)}$$

5. (색칠한 부분의 둘레)=(지름이 6 cm인 원의 원주)+6+12+6
$$=6 \times 3.1 + 6 + 12 + 6 = 18.6 + 24 = 42.6 \text{(cm)}$$

6. (색칠한 부분의 둘레)=(반지름이 4 cm인 원의 원주)$\div 4$+(반지름이 2 cm인 원의 원주)$\div 4 + 2 + 2$
$$=4 \times 2 \times 3 \div 4 + 2 \times 2 \times 3 \div 4 + 4 = 6 + 3 + 4 = 13 \text{(cm)}$$

7. (색칠한 부분의 둘레)=(지름이 20 cm인 원의 원주)+(20 cm인 선분)$\times 2$
$$=20 \times 3.1 + 20 \times 2 = 62 + 40 = 102 \text{(cm)}$$

8. (색칠한 부분의 둘레)=(지름이 10 cm인 원의 원주)+(10 cm인 선분)$\times 4$
$$=10 \times 3.1 + 10 \times 4 = 31 + 40 = 71 \text{(cm)}$$

연산 UP

1	12.4 cm^2	5	27 cm^2
2	75 cm^2	6	111.6 cm^2
3	314 cm^2	7	49.6 cm^2
4	432 cm^2	8	243 cm^2

응용 UP

1	4	5	3
2	10	6	18
3	10	7	2
4	12	8	14

응용 UP

2 $\square \times \square \times 3.14 = 314, \ \square \times \square = 314 \div 3.14, \ \square \times \square = 100, \ \square = 10$

3 반지름을 ■ cm라 할 때

$■ \times ■ \times 3.1 = 77.5, \ ■ \times ■ = 77.5 \div 3.1, \ ■ \times ■ = 25, \ ■ = 5$

➡ 지름은 $5 \times 2 = 10 \text{(cm)}$입니다.

4 반지름을 ■ cm라 할 때 $■ \times ■ \times 3 = 108, \ ■ \times ■ = 108 \div 3, \ ■ \times ■ = 36, \ ■ = 6$

➡ 지름은 $6 \times 2 = 12 \text{(cm)}$입니다.

5 $\square \times \square \times 3.1 = 27.9, \ \square \times \square = 27.9 \div 3.1, \ \square \times \square = 9, \ \square = 3$

6 반지름을 ■ cm라 할 때

$■ \times ■ \times 3 = 243, \ ■ \times ■ = 243 \div 3, \ ■ \times ■ = 81, \ ■ = 9$

➡ 지름은 $9 \times 2 = 18 \text{(cm)}$입니다.

7 $\square \times \square \times 3.14 = 12.56, \ \square \times \square = 12.56 \div 3.14, \ \square \times \square = 4, \ \square = 2$

8 반지름을 ■ cm라 할 때

$■ \times ■ \times 3.1 = 151.9, \ ■ \times ■ = 151.9 \div 3.1, \ ■ \times ■ = 49, \ ■ = 7$

➡ 지름은 $7 \times 2 = 14 \text{(cm)}$입니다.

연산 UP

1	75 cm^2	5	27.9 cm^2
2	151.9 cm^2	6	314 cm^2
3	78.5 cm^2	7	12 cm^2
4	588 cm^2	8	49.6 cm^2

응용 UP

1	28.26 cm^2
2	1875 cm^2
3	111.6 m^2
4	18 cm

응용 UP

1 반지름이 3 cm이므로 (원의 넓이)$= 3 \times 3 \times 3.14 = 28.26 \text{(cm}^2)$입니다.

2 (탁자의 넓이)$= 25 \times 25 \times 3 = 1875 \text{(cm}^2)$

3 꽃밭의 반지름은 $12 \div 2 = 6 \text{(m)}$이므로

(꽃밭의 넓이)$= 6 \times 6 \times 3.1 = 111.6 \text{(m}^2)$입니다.

4 피자의 반지름을 $\square$ cm라 하면

$\square \times \square \times 3 = 243, \ \square \times \square = 81, \ \square = 9$

따라서 피자의 지름은 $9 \times 2 = 18 \text{(cm)}$이므로 상자의 한 변은 적어도 18 cm보다는 길어야 합니다.

응용 UP

1	48 cm^2
2	100 cm^2
3	73.5 cm^2
4	25 cm^2
5	54 cm^2
6	50 cm^2

응용 UP

1	100 cm^2
2	144 cm^2
3	36 cm^2
4	283.5 cm^2
5	67.5 cm^2
6	1100 cm^2

응용 UP

1. (색칠한 부분의 넓이)$=8\times8\times3\div4=48\,(\text{cm}^2)$

2. (색칠한 부분의 넓이)$=10\times10\times3\div3=100\,(\text{cm}^2)$

3. (색칠한 부분의 넓이)$=7\times7\times3\div2=73.5\,(\text{cm}^2)$

4. 왼쪽 색칠한 부분을 오른쪽으로 옮기면 색칠한 부분은 정사각형의 넓이와 같습니다.

   (색칠한 부분의 넓이)$=5\times5=25\,(\text{cm}^2)$

5. 아래 작은 반원을 옮기면 색칠한 부분은 큰 원의 넓이의 반과 같습니다.

   (색칠한 부분의 넓이)$=6\times6\times3\div2=54\,(\text{cm}^2)$

6. 위의 반원을 아래로 옮기면 색칠한 부분은 직사각형의 넓이와 같습니다.

   (색칠한 부분의 넓이)$=10\times5=50\,(\text{cm}^2)$

응용 UP

1. (색칠한 부분의 넓이)$=$(원의 넓이)$-$(마름모의 넓이)

   $=10\times10\times3-20\times20\div2$

   $=300-200=100\,(\text{cm}^2)$

2. (색칠한 부분의 넓이)$=$(큰 원의 넓이)$-$(작은 원의 넓이)

   $=8\times8\times3-4\times4\times3$

   $=192-48=144\,(\text{cm}^2)$

3. (색칠한 부분의 넓이)$=$(정사각형의 넓이)$-$(원의 넓이)

   $=12\times12-6\times6\times3$

   $=144-108=36\,(\text{cm}^2)$

4. (색칠한 부분의 넓이)$=$(반원의 넓이)$+$(삼각형의 넓이)

   $=9\times9\times3\div2+18\times18\div2$

   $=121.5+162=283.5\,(\text{cm}^2)$

5. (색칠한 부분의 넓이)$=$(반원의 넓이)$+$(직사각형의 넓이)

   $=5\times5\times3\div2+10\times3$

   $=37.5+30=67.5\,(\text{cm}^2)$

6. (색칠한 부분의 넓이)$=$(원의 넓이)$+$(직사각형의 넓이)

   $=10\times10\times3+40\times20$

   $=300+800=1100\,(\text{cm}^2)$

연산 UP

1 37.2 cm, 111.6 cm^2

2 93 cm, 697.5 cm^2

3 43.4 cm, 151.9 cm^2

4 74.4 cm, 446.4 cm^2

5 31 cm, 77.5 cm^2

6 49.6 cm, 198.4 cm^2

응용 UP

1 180 cm

2 360 cm

3 6280 cm

응용 UP

1 훌라후프가 한 바퀴 굴러간 거리는 훌라후프의 원주와 같습니다.

(원주)$=60 \times 3 = 180$(cm)

2 굴렁쇠가 4바퀴 굴러간 거리는 굴렁쇠 원주의 4배와 같습니다.

(굴렁쇠가 굴러간 거리)$=30 \times 3 \times 4 = 360$(cm)

3 학교 정문에서 편의점까지의 거리는 바퀴 자 원주의 100배와 같습니다.

(학교 정문에서 편의점까지의 거리)$=20 \times 3.14 \times 100 = 6280$(cm)

연산 UP

1 42 cm, 147 cm^2

2 24 cm, 48 cm^2

3 72 cm, 432 cm^2

4 54 cm, 243 cm^2

5 90 cm, 675 cm^2

6 180 cm, 2700 cm^2

응용 UP

1 48 m^2, 12 m^2

응용 UP

1 ㉮ 소가 움직일 수 있는 땅의 넓이는 반지름이 4 m인 원의 넓이와 같습니다.

➡ $4 \times 4 \times 3 = 48$(m^2)

㉯ 소가 움직일 수 있는 땅의 넓이는 반지름이 4 m인 원의 넓이의 $\frac{1}{4}$과 같습니다.

➡ $4 \times 4 \times 3 \times \frac{1}{4} = 12$(m^2)

연산 UP

1. 100 cm, 310 cm, 7750 cm^2
2. 8 cm, 49.6 cm, 198.4 cm^2
3. 22 cm, 68.2 cm, 375.1 cm^2
4. 10 cm, 62 cm, 310 cm^2
5. 18 cm, 55.8 cm, 251.1 cm^2
6. 30 cm, 186 cm, 2790 cm^2
7. 40 cm, 124 cm, 1240 cm^2
8. 16 cm, 99.2 cm, 793.6 cm^2

응용 UP

1. 102.8 cm
2. 42 cm
3. 14.2 cm

응용 UP

1. (끈의 길이)=(곡선 부분)+(직선 부분)
   =(반지름이 10 cm인 원의 원주)+(10 cm인 선분)×4
   =20×3.14+10×4=62.8+40=102.8(cm)

2. (끈의 길이)=(곡선 부분)+(직선 부분)
   =(반지름이 3 cm인 원의 원주)+(3 cm인 선분)×8
   =6×3+3×8=18+24=42(cm)

3. (테이프의 길이)=(곡선 부분)+(직선 부분)
   =(지름이 2 cm인 원의 원주)+(2 cm인 선분)×4
   =2×3.1+2×4=6.2+8=14.2(cm)

1 (1) 18.6 cm (2) 55.8 cm
  (3) 46.5 cm (4) 12.4 cm

2 (1) 300 cm^2 (2) 27 cm^2
  (3) 108 cm^2 (4) 1875 cm^2

3 12.56 cm

4 6 cm

5 16

6 88 cm^2

---

1 (1) (원주)$=6\times3.1=18.6$(cm)

  (2) (원주)$=9\times2\times3.1=55.8$(cm)

  (3) (원주)$=15\times3.1=46.5$(cm)

  (4) (원주)$=2\times2\times3.1=12.4$(cm)

2 (1) (원의 넓이)$=10\times10\times3=300$(cm^2)

  (2) (원의 넓이)$=3\times3\times3=27$(cm^2)

  (3) (원의 넓이)$=6\times6\times3=108$(cm^2)

  (4) (원의 넓이)$=25\times25\times3=1875$(cm^2)

3 (㉮의 원주)$=14\times3.14=43.96$(cm)

  (㉯의 원주)$=18\times3.14=56.52$(cm)

  ➡ $56.52-43.96=12.56$(cm)

4 원주가 37.2 cm이므로 (지름)$=$(원주)$\div$(원주율)$=37.2\div3.1=12$(cm)입니다.

  ➡ 반지름은 $12\div2=6$(cm)입니다.

5 반지름을 ■ cm라 할 때

  ■$\times$■$\times3=192$, ■$\times$■$=192\div3$, ■$\times$■$=64$, ■$=8$

  ➡ 지름은 $8\times2=16$(cm)입니다.

6 왼쪽 반원을 오른쪽으로 옮기면 색칠한 부분의 넓이는 직사각형의 넓이와 같습니다.

  ➡ (색칠한 부분의 넓이)$=11\times8=88$(cm^2)

기적의 학습서

길벗스쿨